U0113309

　　本书系教育部人文社科重点研究基地中国传媒大学国家传播创新研究中心重大项目"一带一路战略背景下中国国家形象提升战略研究"(项目编号：15JJD860006)最终成果之一。

| 光明社科文库 |

"一带一路"背景下
中国品牌建构国家形象研究

宫月晴◎著

光明日报出版社

图书在版编目（CIP）数据

"一带一路"背景下中国品牌建构国家形象研究 /
宫月晴著 .-- 北京：光明日报出版社，2020.2（2022.4 重印）
（光明社科文库）

ISBN 978-7-5194-5626-9

Ⅰ.①一… Ⅱ.①宫… Ⅲ.①品牌战略—关系—国家
—形象—研究 Ⅳ.① F273.2 ② D5

中国版本图书馆 CIP 数据核字（2020）第 028497 号

"一带一路"背景下中国品牌建构国家形象研究
"YIDAI YILU" BEIJING XIA ZHONGGUO PINPAI JIANGOU GUOJIA XINGXIANG YANJIU

著　　者：宫月晴

责任编辑：曹美娜　黄　莺　　　　责任校对：刘舒婷
封面设计：中联学林　　　　　　　特约编辑：张　山
责任印制：曹　诤

出版发行：光明日报出版社
地　　址：北京市西城区永安路 106 号，100050
电　　话：010-63139890（咨询），010-63131930（邮购）
传　　真：010-63131930
网　　址：http://book.gmw.cn
E - mail：gmrbcbs@gmw.cn
法律顾问：北京市兰台律师事务所龚柳方律师

印　　刷：三河市华东印刷有限公司
装　　订：三河市华东印刷有限公司
本书如有破损、缺页、装订错误，请与本社联系调换，电话：010-63131930

开　　本：170mm×240mm
字　　数：181 千字　　　　　　　印　　张：13.5
版　　次：2020 年 2 月第 1 版　　印　　次：2022 年 4 月第 2 次印刷
书　　号：ISBN 978-7-5194-5626-9

定　　价：89.00 元

教育部人文社会科学重点研究基地重大项目

《"一带一路"战略背景下中国国家形象提升战略研究》

系列丛书主编：张树庭　孔清溪

课题组成员名单

课题负责人：张树庭

课题组成员：孔清溪　董　妍　宫月晴　郑苏晖　吕艳丹

龙小农　任孟山　范　佩　谢伦灿　杨　勇

序

"一带一路"倡议为中国品牌的国际化进程提供历史机遇，也为建设中国国家形象提出现实需求。研究中国品牌对国家形象的建构兼具理论价值和现实意义。从理论层面讲，品牌是提升中国国家形象的有利方式，品牌建构国家形象的理论建设是不可或缺的重要工具；从实践层面说，中国品牌对国家形象的建构现状复杂多样，探讨其建构过程的规律、特点并提出相应建议措施，对指导品牌建设国家形象的实践活动具有一定现实意义。

首先，本书以建构主义理论框架为基础，推演品牌对国家形象认知的建构机制即"交往互动（信息传播）—共有知识—国家形象"。研究发现，建构主义视域下国际关系体系中国家间交往互动通过信息传播过程实现。在这个过程中，人们通过交换信息建立关系，形成共有知识，完成自我信息的补充、强化和改变，最终形成国家形象的塑造。品牌是信息传播的重要途径。

其次，本书以"一带一路"沿线为研究范围，从企业视角分析中国品牌建构国家形象的品牌行为，即"交往互动"过程里中国品牌在"一带一路"沿线的发展现状。研究发现，"一带一路"倡议实施至今，中国品牌在国际化道路上展现出差异化中国形象：以央企为代表的基建品牌彰显中国"负责任大国"形象；阿里巴巴、京东集团、华为、联想等科技品牌打造中国"数字强国"形象；文化品牌以多种形式流

1

露中国深厚而自信的文化魅力，展现"文化新国"形象。

再次，通过对"一带一路"沿线消费者深访，调查"知识共有"阶段消费者对中国品牌建构国家形象现状的认知和评价，以探索品牌建构国家形象的心理作用机制。研究发现，三类品牌（基建品牌、科技品牌、文化品牌）在建构国家形象时发挥不同作用，它们占据消费者基本生活、消费生活、精神生活，分别以积累、直接、渗透的方式影响消费者认知。在建构国家形象时，三类品牌产生交相作用，互为背书：基建品牌作为影响力最广的品牌类别，通过"晕轮效应"将消费者认知扩散到中国其他品牌认知上；科技品牌凭借首因效应影响消费者对其他品牌的第一印象；文化品牌需要消费者投入较多的关注和理解，进而形成长时记忆。

最后，本书立足理论，结合案例，从企业、传播、政策三个层面研究影响品牌提升中国形象的要素，并提出一定建议措施：从微观层面提升品牌自身能力，到中观层面搭建国际化品牌传播体系，以及宏观层面完善国家政策。

目 录
CONTENTS

第一章 绪论

第一节 研究背景与研究意义

一、研究背景

自2013年"一带一路"倡议提出至今，"一带一路"建设逐渐从理念转化为行动，从倡议变为共识，从愿景成为现实，建设成果丰硕，也对世界格局产生深远影响。通过加强基础设施建设和互联互通，"一带一路"倡议有力地促进了地区经济增长、就业以及减少贫困，从而拉动沿线国家经济增长，并惠及世界。2017年5月14日，习近平主席在"一带一路"国际合作高峰论坛开幕式上的演讲中提出"倡议源于中国，但机会和成果属于世界"，体现了当代中国的大国担当和世界情怀，展现出中国在新时期的国家形象。随着全球经济和信息技术的飞速发展，市场竞争的本质演变为品牌竞争。在倡议推进的五年里，中国国家形象的软实力作用日益彰显，品牌既是未来中国经济发展的核心和关键，更是提升国家形象建设的重要工具。

（一）"一带一路"倡议，对建构中国国家形象提出现实需求

2013年9月和10月，国家主席习近平在访问中亚四国和印度尼西亚时，分别提出建设"丝绸之路经济带"和"21世纪海上丝绸之路"

的构想。2014年12月，中央经济工作会议将这一倡议纳入全年工作任务，由此"一带一路"（One Belt and One Road，B&R）构想正式上升为国家发展倡议。2015年3月，国家发改委、外交部、商务部联合发布《推动共建丝绸之路经济带和21世纪海上丝绸之路的愿景和行动》，"一带一路"倡议进入实施阶段。2017年，"一带一路"沿线71个国家GDP之和预测为14.5万亿美元，占全球GDP的18.4%；人口总数预测为34.4亿人，占全球人口的47.6%；对外贸易总额为9.3万亿美元，占全球贸易总额的27.8%，在全球贸易版图中占据重要地位[①]。

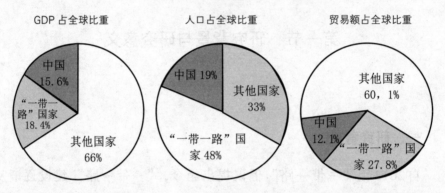

图1.1 2017年"一带一路"国家和中国的GDP、人口、贸易额占全球比重

资料来源：《"一带一路"贸易合作大数据报告2018》

"一带一路"旨在促进经济要素有序自由流动、资源高效配置和市场深度融合，推动开展更大范围、更高水平、更深层次的区域合作，共同打造开放、包容、均衡、普惠的区域经济合作架构。"一带一路"倡议包含了普惠世界的理念，即"和平合作、开放包容、互学互鉴、互利共赢"，而且强调了"共商、共建、共享"原则。总体上，"一带一路"倡议可以简单地用"一个核心理念"即和平、合作、发展、共赢，"五个合作重点"即政策沟通、设施联通、贸易畅通、资金融通、民心相通和"三个共同体"即利益共同体、命运共同体、责任

---

① 国家信息中心"一带一路"大数据中心，大连瀚闻资讯有限公司."一带一路"贸易合作大数据报告2018[R/OL].中国一带一路网，2018-05.

共同体来表达。这表明，中国期望在符合当前世界发展机制和趋势的前提下更深地融入全球经济体系，并在引领世界经济发展中发挥更积极的作用。

但是，随着"一带一路"倡议的不断明晰和相应举措的出台，国内外将"一带一路"倡议与美国战后复兴欧洲的马歇尔计划相提并论的说法也日益增多。尤其是西方学者和媒体多从政治与安全视角出发，认为"一带一路"倡议是在国际力量中心转移背景下，中国经营势力范围争夺地区主导权的政治安全倡议。由于对"一带一路"倡议意图的误解（misconception）、误读（misunderstanding）和误判（misjudgment），很有可能导致我国的善意行为在别国眼里反而成了恶意的威胁。例如，在亚洲，周边小国已适应原有的地缘战略环境，中国的崛起可能对部分小国的战略预期产生影响，从而使这些小国出于安全本能对中国持抵触和戒备态度。应当注意的是，这些小国的这种关切和忧虑很可能被某些外部势力利用，从而阻碍"一带一路"倡议的顺利实施。如在海上丝绸之路方向上，缅甸于2011年9月暂停密松水电站项目，并于2014年7月搁置两国铁路项目；斯里兰卡于2015年3月暂停科伦坡港口城项目，这都是上述逻辑作用的结果。

任何一个国家要准确制定国家大倡议，都必须对自己的国际地位和身份进行准确认知和判断。2018年4月11日习近平集体会见博鳌亚洲论坛现任和候任理事时强调，"一带一路"不像国际上有些人所称是中国的一个阴谋，它既不是二战之后的马歇尔计划，也不是什么中国的图谋。"一带一路"倡议的顺利实施对中国国家形象的建构和传播提出了现实需求。随着"一带一路"倡议的不断推进，势必加速全球化经济的高速发展和多元文化的进一步融合，从而使得国家形象的软实力作用上升，成为维护和推进国家利益的有效工具。约瑟夫·奈（NyeJ.S.）认为国家形象在某种程度上说也是一种源于政治、经济、文化和价值观念的吸引力，如果一个国家的国家形象代表其他国家所期望信奉的价值观念，代表其他国家发展的方向，则其领导成本会降低；如果其意识形态具有吸引力，其他国家将愿意追随其后；如果该国能建立与其国内社会相一致的国际规范，则它无须被迫改变[①]。换言之，国家形象是一种国格魅力，它不是一种基于物质性实力威压对方屈服的强制力，而是一种诱导性的、向内吸纳式的吸引力，即能够让别人自愿做你想让他做的事情的道义感染力。

总之，对中国而言，树立良好的国家形象，有助于劝服他国接受和对接我国的"一带一路"倡议，从而使我国以最小代价取得最大政治、经济、文化和安全利益。实现"一带一路"倡议的短期和长期目标，最终将提高中国在国际舞台上的话语权和影响力。

（二）"一带一路"倡议，为建设中国国家形象提供历史机遇

"一带一路"倡议的顺利实施也为中国国家形象的提升提供了良好的契机和环境。

首先，"丝绸之路"与中国国家形象存在着天然的联系。据史料记载，公元前的欧洲把中国称为"丝国"（Seres），在他们的想象中，丝如同棉花一般生长在树上，而"丝国"的公民们都是长寿多福、勤劳好施之人，"塞里丝国以树林中出产的丝闻名于世，这种细丝生在树上，先用水浸湿，再加以梳理，织成增帛。罗马仕女用制衣料，穿光耀夺目。运输贯穿世界，实极艰巨。"（玉尔，Henry Yule，1985）丝绸贸易不仅给欧洲带来难以言喻的美丽衣料，也为欧洲关于神秘中国的想象提供了丰富而崭新的质素。研究"一带一路"倡议背景下中国国家形象建构，是对古代"丝绸之路"时期中国国家形象的传承与创新，有利于新时代中国国家形象的重新定位与有效传播。

其次，自"一带一路"倡议提出以来，"丝绸之路"对于当今社会而言更多的是一种抽象意义的文化符号。历史上"丝绸之路"主要存在于和平时期，而且商品和文化的交流带来了共同繁荣，因此这个文化符号的内涵可以归结为和平、友谊、交往和繁荣。从这个角度看，

---

① 约瑟夫·奈. 硬权力与软权力 [M]. 门洪华，译. 北京：北京大学出版社，2005：97-98.

中国政府借用"丝绸之路"这个文化符号为核心，以中国传统文化为积淀，向世界传递"和平、合作、发展、共赢"的理念，势必会为国家形象的建构提供良好的文化底蕴。

再次，中国是"一带一路"主要贸易国家的重要进出口市场。国务院新闻办公室 2018 年 10 月 12 日就是年前三季度进出口情况举行发布会。海关总署新闻发言人李魁文表示，2018 年前三季度，中国与"一带一路"沿线国家进出口总值 6.08 万亿元，增长 13.2%，高出同期中国外贸整体增速 3.3%，占中国进出口总值的 27.3%，比重提升了 0.8%。其中，出口 3.38 万亿元，增长 7.7%；进口 2.7 万亿元，增长 20.9%[①]。实施"一带一路"倡议能够充分利用各国的资源禀赋，发挥各国的资源优势，在提升我国经济活力的同时，也能够促进世界贸易市场的进一步发展，是我国与世界各国双赢的战略举措，也是我国新时期提升国家形象的经济支撑。

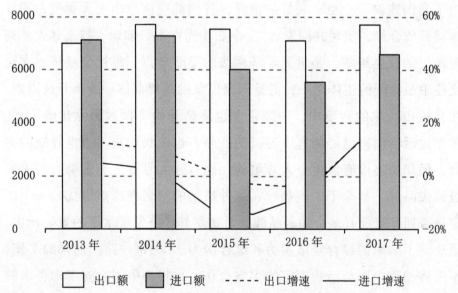

图 1.2　2013—2017 年中国与"一带一路"国家进口额、出口额及增速(金额单位: 亿美元)

资料来源:《"一带一路"贸易合作大数据报告 2018》

① 中国新闻网.前三季度中国与"一带一路"沿线国进出口增长 13.2% [EB/OL].中国一带一路网，2018–10–12.

综上，"一带一路"倡议是统筹中国全方位对外开放的长远倡议，也是中国与沿线国家共同打造开放、包容的国际区域经济合作网络的倡议，因而它必然是一个国家倡议，其基本理念是"倡议对接"，是与伙伴国和地区的发展倡议对接，从根本上体现了与伙伴国合作的自主性和平等性原则。"一带一路"倡议的成功实施必将进一步优化中国和平发展的外部环境，为中国国家形象的提升和民族产业及文化的复兴营造广阔的发展空间。

（三）品牌是建构中国国家形象的重要路径

2018年11月，习近平主席出席首届中国国际进口博览会开幕式并发表题为《共建创新包容的开放型世界经济》的主旨演讲，强调"回顾历史，开放合作是增强国际经贸活力的重要动力。立足当今，开放合作是推动世界经济稳定复苏的现实要求。放眼未来，开放合作是促进人类社会不断进步的时代要求"。"面对世界经济格局的深刻变化，为了共同建设一个更加美好的世界，各国都应该拿出更大勇气，积极推动开放合作，实现共同发展。"企业作为资本、知识、技术和人才高度密集的社会组织，是世界经济网络的重要节点，是社会经济、文化交往中最活跃的主体之一，更是国家形象的重要载体。改革开放以来，在角逐市场化的竞争中，中国企业也逐渐开始了探索国际化的历程。多年过后，中国已经拥有世界级的产品，也成长起来一批世界级的企业，但却始终没有诞生令人尊敬的、拥有强大号召力和感染力的世界级顶尖品牌，甚至于中国品牌在海外市场的知名度依然堪忧。一个国家是否拥有或拥有多少知名品牌，是衡量其经济发展水平的重要标志，更反映了国家的综合经济实力和综合国力。"一带一路"倡议的实施，不仅将加强中国与沿线国家的多方合作，也将为中国企业带来更多的机会和更大的动力，为中国品牌的发展提供广阔的平台与环境。

对于品牌来说，在激烈的国际市场竞争中，国家形象是品牌的"公共产品"，良好的国家形象为品牌的海外发展提供重要支撑。而反过来说，品牌是影响国家形象的重要因素，也是国家软实力的重要组成部分。某种程度上，人们通过企业、产品与品牌来认识一个国家，透过企业的产品与服务来了解一个国家的科学技术和现代化水平，并由此形成对一个国家的初步认知与评价。例如，我们通过麦当劳、肯德基、可口可乐、苹果认识美国；通过阿迪达斯、宝马认识德国；通过索尼、丰田认识日本；通过现代、三星认识韩国。借助"一带一路"建设，我们也要让沿线国家和世界通过制造行业如中国高铁、家电行业如海尔、电子行业如华为、服装行业如波司登等产品与品牌来认识中国。中国需要着力打造具有世界影响力的品牌，并借助名牌产品的传播效应提升中国形象。"一带一路"倡议的实施与中国国家形象的建构相辅相成，其中品牌承担着不可估量的历史责任。

　　笔者把中国品牌对国家形象的建构作为本研究选题，试图通过分析品牌与国家形象的关系，探讨品牌在国家形象塑造过程中遇到的问题及原因，找出品牌提升中国国家形象的路径方式。

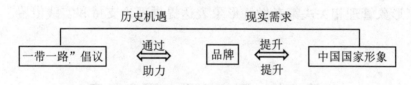

图 1.3 "一带一路"倡议、国家形象、品牌相互关系

二、研究意义

（一）理论意义

"一带一路"倡议研究和国家形象建构是当前中国重要的课题之一，本书以"一带一路"沿线国家为研究范围，探讨品牌对中国国家形象的建构具有一定的学术价值。纵观国内外相关著述，近年来关于国家形象的研究相对较多，关于品牌对国家形象塑造的研究尚不多见。而以"一带一路"倡议为研究背景，研究品牌对国家形象的建构，无论是思辨的理论推演还是实证研究都相对缺乏。国家形象是一个国家综合实力及国际地位的反映，是国家极为重要的无形资产。从现实需

求角度来看，品牌研究的应用和创新是不可或缺的重要工具，本研究将为品牌建构中国国家形象提供理论支持及方法指导。

（二）实践意义

品牌是国家对外宣传的窗口，是最直接的国家形象塑造者，在塑造国家形象方面最具有发言权[①]。在中国企业和政府的携手努力下，中国品牌形象和国家形象呈上升趋势，国际社会对中国和中国品牌的关注也越来越多。"走出去"的品牌不仅实实在在地参与"一带一路"的建设，更渗透和宣传了中国国家形象，而中国国家形象也通过这些品牌的一言一行而得到传播和塑造。中国品牌形象和中国产品形象直接影响到我国国家形象的建设，借由品牌建构国家形象对中国企业来说既是机遇，又是挑战。良好的品牌可以优化国家形象，并在一定程度上推进"一带一路"建设塑造稳定和谐的国际环境；反之亦然。因此，研究品牌对国家形象的建构可以帮助中国品牌规避不良影响，为我国国家形象管理相关决策者做好形象表达提供理论支持和实践借鉴。

第二节　研究问题与研究内容

一、研究问题

基于对国内外相关文献的整理和分析，本书的研究重点在于品牌对中国国家形象建构研究，研究范围限定在"一带一路"倡议的辐射区域，探讨品牌以何种机制建构国家形象，通过什么方式影响国家形象，以及可以利用哪些路径提升国家形象。具体的研究问题如下：

1. 品牌建构国家形象理论基础是什么；

2. 中国品牌建构国家形象的主要路径有哪些；

---

① 中国企业海外形象高峰论坛聚焦"一带一路"建设［EB/OL］.中国青年网，2015-09-23.

3. 中国品牌建构国家形象的作用机制是什么；

4. 中国品牌提升国家形象建议措施有哪些。

二、研究内容

随着社会的进步和经济的发展，品牌研究也在不断完善和创新，尤其作为一门紧密贴合实践的学科，品牌对实践的指导是动态发展的。许多国家企业着力提升产品质量和品牌价值，树立良好的品牌形象从而提升国家形象。例如，韩国三星集团。过去三星品牌的认知度很低，通过一系列数字化、科技化的革新战略，三星集团实现了品牌超越，成为国际知名企业，同时提升了韩国在高新科技领域的国家形象。反观中国，"制造大国"刻板印象依然存在，海尔、华为等知名品牌的发展带动了一定程度上国家形象的提升，但是整体国家品牌实力仍然不强，这是目前需要解决的问题。借力"一带一路"倡议的顺利实施，中国国家形象的塑造成为各个领域的研究热点。然而目前大多数研究仍然侧重中国消费者对他国形象的认知，较少有研究关注中国品牌的国际表现，更少有研究侧重中国品牌在国际市场上对国家形象的建构能力，因此本书的研究在一定程度上填补了该研究领域的空白。

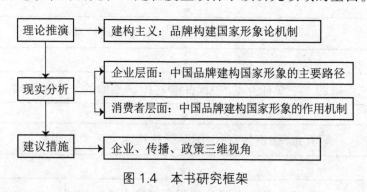

图 1.4　本书研究框架

本书秉承以理论指导实践的原则，用实践验证理论的逻辑视角，首先以建构主义的理论框架为理论支撑，力图创建"品牌对国家形象认知的建构"理论框架，希望能为品牌的建构能力提供理论支持；其次以"一带一路"倡议辐射区域为研究范围，从企业视角分析中国品牌建构国家形象的品牌行为，再通过消费者深访探索品牌建构国家形象的作用机制；最后立足理论，结合案例，从企业、传播、政策三个视角总结出品牌提升中国形象建议措施。

第三节　研究思路与研究方法

一、研究思路

本书的研究思路如下：

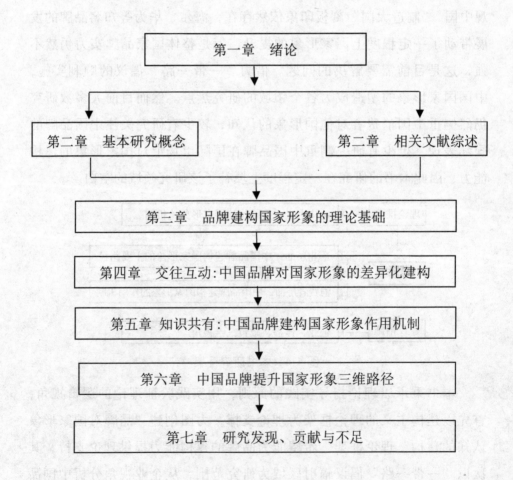

第一章，绪论主要交代研究背景与研究意义，并且概括全文的研究思路、研究框架、研究方法与研究主要内容。

第二章，概念是理论研究的基础和逻辑起点，要明确品牌对国家形象的建构，首先要厘清国家形象和品牌的界定，明晰本书的研究对象，再通过文献研究了解"一带一路"倡议国内外研究现状，以此作为本书的理论基础。

第三章，首先梳理了建构主义视域下的国家形象观，推导出建构主义视角下国家形象的建构模型，然后以品牌为视角，完善了以品牌为中介的国家形象建构的理论基础。

第四章，通过调研访谈与资料收集，以品牌构建国家形象的认知机制为理论指导，研究"交往互动"阶段，中国品牌在国际化道路上展现不同的中国形象，探究不同类型品牌在建构中国国家形象的实施现状。

第五章，在共有知识形成阶段，消费者通过记忆联想模型将品牌信息与中国的国家形象相关联，所以本章将通过消费者访谈，重点研究国家形象如何在消费者心中产生的作用与影响。

第六章，基于品牌建构中国国家形象的影响因素的三维视角分析，形成微观、中观、宏观三种中国品牌建构国家形象的分析框架，归纳出提升品牌建构中国国家形象的三维路径。

第七章，本章对全书的研究结论进行了概括与总结，包括本书的研究发现及其对理论与实践的主要贡献；同时，也对研究中的不足之处进行了剖析，并对未来的研究方向与重点进行了展望。

二、研究方法

本书的研究主要是通过基本理论研究、文献综述、概念辨析、深度访谈、市场调研、实践案例分析等方法，并结合笔者所参加的学术活动及科研课题所获得的启示来进行研究。

文献研究

首先，通过对品牌建构国家形象的现有研究入手，了解当前国内的研究现状并找出理论空白。其次，通过对"国家形象"相关文献的搜集、归纳、综述来总结以往研究成果，并从中发现不足之处。最后，围绕"品牌"的核心理论研究，广泛查阅国内外文献资料，了解品牌建构国家形象的相关理论的前沿和进展情况，归纳演绎出本书"品牌建构国家形象"的理论模型。

系统分析

本研究作为从宏观层面探讨品牌建构国家形象的理论成果，主要结合了营销学、传播学、管理学、经济学、社会学以及心理学等多学科的相关理论和主要分析思想，对品牌建构国家形象的机制和影响因素进行研究，通过跨学科的知识应用来分析"品牌建构国家形象"的形成机理，既具有系统性，也具有科学性。

理论演绎

以品牌为视角，追踪品牌信息流的传播路径，探讨消费者解码品牌信息的工作机理，以建构主义视域下国家形象建构为基础，完善了以品牌为中介的国家形象建构的理论支撑。另外，探讨了品牌区别于其他建构方式的优势，论证了品牌在国家形象的认知上具有情感建立、美学表达、信任契约等作用

案例分析

本书根据国家信息中心"一带一路"大数据中心出版的《一带一路大数据报告（2017）》，以其中"一带一路"企业影响力榜单前50名为主要研究对象，分析其在"一带一路"沿线的发展特点和问题，并以此为基础提出品牌建设国家形象的现状。

深度访谈

深度访谈是定性研究的主要研究方法，本书以"一带一路"沿线国消费者为研究对象，研究了43位消费者对中国品牌和国家形象的认知情况。在访谈过程中笔者事先准备了访谈提纲，但是始终是以倾听

者的身份出现，进而倾听和发现被访者关注的问题，尽可能获得消费者对中国品牌的真实反映。

企业调研

为了深入了解中国品牌在"一带一路"倡议沿线国家的市场表现，笔者选取了有代表性的企业品牌进行深入调研。并走访了数据调查公司，了解行业专家对中国品牌国际化进程的相关观点。

第二章　研究概念与研究综述

概念是理论研究的基础和逻辑起点，要明确品牌对国家形象的建构，需要先厘清国家形象和品牌的界定。本章将对国家形象的定义、塑造主体、渠道及建构方式，以及品牌的概念、特点、分类等几方面的研究成果进行系统地归纳与整理，以明晰本书的研究对象、梳理本研究的理论基础，为后文论述奠定基础。

第一节　基本研究概念

一、国家形象概念辨析

（一）国家形象定义

在《现代汉语词典》中，"形象"一词被解释为"能引起人的思想或感情活动的具体形状或姿态"[①]。在英文中"Image"的基本含义为"头脑中或心目中的图像"[②]。可见，形象是被人感知而来，是人对对象能动的、主观的反映。而"国家形象"一词国内外诸多学者从不同理论视

---

① 现代汉语词典 [M]. 北京：商务印书馆，2002：1410.
② 英汉双解剑桥国际英语词典 [M]. 上海：上海外语教育出版社，2001：1248.

角，不同领域作了很多界定。

从国外看，普遍认为"国家形象"一词最早出现于著名经济学家肯尼思·博尔丁（Kenneth Ewart Boulding）在1959年所作的《国家形象和国际体系》一文中。该文认为，国家形象是一个国家对自己的认知以及国际体系中其他行为对它的认知的结合，是主观印象，而非客观事实①。其后，美国国际政治学者奥利·霍尔斯蒂（Ole R. Holsti，1962）认为国家形象是感知一个国家所形成的"信念体系"，是关于某一特殊国家的描述性、推论性的和信息性信念的总和。美国国际关系学者罗伯特·杰维斯（Robert Jervis，1989）总结性地提出国家形象是对国家的心理认知②。营销学大师菲利普·科特勒（Philip Kotler，1993）认为国家形象是个人关于某一国家的经历、信仰、观点、回忆、印象的、情感性的、审美性的总和③。国外学者从不同的理论视角解读了国家形象，虽然还没有一个明确的定义，但是我们可以看出它们的共通点在于：国家形象是被认知的，是对一国认知的整体评价。

而国内对国家形象的定义也非常丰富。管文虎（1999）认为"国家形象是外部公众与内部公众对国家本身、国家行为、国家的各项活动以及成果所给予的总的评价"。杨伟芬（2000）提出国家形象是"国际社会的民众对一国相对稳定的总体评价"。孙有中（2002）认为国家形象是"一国内部公众与外部公众对该国整体形象的认知，可分为国内形象和国际形象。国家形象取决于国家综合实力，但是在一定程度上可以被塑造"。刘继南、何辉（2006）提出国家形象"在物质本源的基础上，人们经由各种媒介，对某一国家产生的兼具客观性和主观性的总体感知"。吴友富（2009年）认为国家形象分为广义与狭义两种定义，广义是指特定国家的内部公众、外部公众通过复杂的心理过

---

① Kenneth E.Boulding. *National Images and International Systems* [J].Journal of Conflict Resolution June,1959，3（2）：122.

② Robert Jarvis. *The Logic of Images in International Relations*[M].New york：Columbia University Press,1989.

③ Philip Kotler, *Donald Harder,Irving Rein.Marketing Places* [M].New York：The Free Press,1993.

滤机制，对该国的客观现实形成的具有较强概括性、稳定性的主观印象和评价；狭义则是专指国际公众的认知。通过以上的论述，可以看到国内学者对国家形象的研究在国外的基础上更加丰富，对国家形象的认知包括有形的硬实力（政治、经济、军事等），也包括无形的软实力（文化、传统等）；并且探讨了国家形象的客观存在与外界感知（国内、国外政府、组织和个人）两个角度。此外，李晓灵（2015）进一步提出，国家形象的"硬形象"可以量化的物质性因素，包括经济实力、科技实力、军事实力、地理自然资源、人口资源、文化教育实力等和具有明确制约性的、固化型的制度因素，如政治制度、行政制度、教育制度、科技文化体制等；"软形象"是指不能量化和难以明确固化的形象因素，包括意识形态、价值观念、文学艺术、民族精神、政府形象和文化礼仪等[1]。

综上，借鉴国内外专家、学者的研究成果，结合本书的研究内容，可将国家形象概括为：国家形象是一国综合实力的体现，既包括本身的客观存在也包括外界的主观认知，具体表现为国际公众通过复杂的心理过滤机制对国家客观事实所形成的较为稳定、概括性的感受和评价。

（二）国家形象的形成过程

从社会心理学来看，国家形象属于社会认知的一种。认知包括三个要素：认知者、被认知者与认知过程。认知者是认知的主体（本书的认知对象是国际公众）；认知对象是认知的客体，国家形象的认知对象即国家；认知过程是主体通过认知途径完成对客体认知的经过，这个过程是可以被建构的，国家形象的认知过程是通过塑造者发布信息，通过多种渠道传播信息，最终呈现出多个维度的国家形象。下文主要从国家形象的构建过程着手，对国家形象塑造者、传播渠道、形象呈现三个维度进行分析。其中，国家形象的塑造者有政府、企业和国民，通过媒体报道、产品与品牌、文化产业、外交与政策、国际活动、双

---

① 李晓灵.国家形象构成体系及其建模之研究[J].北京理工大学学报（社会科学版），2015,17（2）：136–141.

向旅游、教育与留学七个主要渠道进行传播，最终形成了一个由经济形象、安全形象、文化形象、政府形象、国民形象五个维度构成的国家形象。

1. 国家形象的塑造者

国家形象的塑造者是谁，这是一个需要明确的问题，因为国家形象塑造是一个自上而下全方位的系统工程，其建构的主体不仅仅是政府[①]。根据中国外文局对传播研究中心选编《国家形象传播研究论丛》（2008）研究，政府、企业、国民是国家形象的主要塑造者。其中，政府是国家权力机关的执行机关，是国家公共行政权力的象征、承载体和实际行为体，在塑造国家形象方面发挥着主导性作用；企业一般是指以盈利为目的，运用各种生产要素向市场提供商品或服务，实行自主经营、独立核算、自负盈亏的社会经济组织，其塑造国家形象的途径是产品和服务；国家由一个个独立的国民组成。范红（2013）认为，高素质的国民是国家发展的强大动力，老百姓生活方式、教育程度、创新意识、精神面貌和行为举止在不同程度影响着国家形象的塑造。

2. 国家形象的传播渠道

国家的客观事实和国家形象是对象和反映的关系，这种关系的建立是通过渠道而产生的。研究国家形象的建构、厘清传播渠道有两个优点。首先，国家形象的建构主体、客体、过程纷繁复杂，但是渠道相对有限，可以帮助我们有效判断国家形象的传播方式；其次，影响国家形象构建的因素有很多，我们无法全面把握，但是可以借由渠道来塑造理想的国家形象，最终实现提升国家形象的目的。根据清华大学国际传播研究中心课题组《国家形象构建的渠道研究》（2008），国家形象的传播渠道包括媒体报道、产品与品牌、文化产业、外交与政策、国际活动、双向旅游、教育与留学七个主要渠道。

[①] 周明伟.国家形象传播研究论丛[M].北京：北京外文出版社，2008：18.

表 2.1　国家形象传播渠道优势分析

渠道	渠道优势
媒体报道	对议程设置理论、框架理论、沉默的螺旋等研究广泛,受众感受强烈。西方媒体国际影响力较高,在很大程度上能够引导国际舆论导向,对中国国家形象建设有一定负面影响
产品与品牌	产品品牌推动国家形象的传播,世界级知名品牌是一个国家最直接的名片。通过品牌建设国家形象是当今国际经济舞台的重要篇章,通过来源国效应、晕轮效应、总括效应等研究,消费者通过产品体验和品牌认知可以投射出来源国的评价和印象
文化产业	文化产业与文化有关,通过产权来保护,并且以商品或服务的形态出现,主要包括文化商品如图书、杂志、电影等;文化服务如图书馆、博物馆等。文化与一国的历史、气质直接联结,直接影响国家形象
外交与政策	从经典政治学和国际政治学角度,外交是建构国家形象的最关键的渠道。一国会以政治利益为目的塑造他国形象,进而影响该国的外交政策和行动。另外,公共外交是处理非政府的个人、组织的关系,在当今国际社会中可以有效塑造国家形象
国际活动	包括体育、国际会议和大型活动,例如:奥运会、APEC 大会、总体就职典礼、奥斯卡颁奖典礼等。国际活动是国家参与全球性媒介事件的重要机会,也是在国际舞台塑造国家形象的重要方式
双向旅游	无论中国人出国抑或外国人来中国旅游,都是增进国际间友好往来的方式,通过人与人最紧密直接的接触而联想到的国家形象也是生动而丰富的。国家可以通过投放国家旅游形象广告、入境关口发放精致实用的宣传手册等方式传播良好的国家形象
教育与留学	从一千多年前的日本遣唐使至今,国际间的人才往来是国际交流的重要手段。精英人才的培养和输送,是国家文化、精神、发达水平的有利表达,也是影响未来国家实力的重要力量

本表系根据清华大学国际传播研究中心课题组《国家形象构建的渠道研究》整理

表 2.2 国家形象传播渠道劣势分析

渠道	渠道劣势
媒体报道	议程设置的导向性非常明显，受众在被影响的同时，同样清楚这是被"制造"的国家形象，会有一定程度的排斥和保留
文化产业	由于"文化例外"制约，国际受众在享受文化商品和文化服务都受到制约和限制，无法自由全面的接触的异国的文化产业
外交与政策	政治因素起到关键性作用，普通公众大多并不关心国家的外交政策和政治类新闻
国际活动	国际活动的影响力巨大，但是举办一次周期过长、筹备投入极大，难以及时、多次地将国家形象信息有效传达
双向旅游	旅游属于个人消费行为，游客可以非常直接有效地了解或改变对一国的评价，但是旅游业水平参差不齐，对国家形象的影响不可控
教育与留学	教育与留学属于长线培养，对国家形象的支持和提升作用需要很长时间取得效果
产品与品牌	中国品牌海外知名度整体不高，国际化进程较慢，曾经"中国制造"留下的负面影响依然存在

3. 国家形象的细分类别

国家形象由政府、企业、国民塑造，通过多种渠道传播到认知主体，认知主体再对信息进行选择和筛选后形成一个相对稳定而概括性的整体形象，这个过程中国家形象是动态的、复杂的。吴友富（2009）在《中国国家形象的塑造和传播》一书中将国家形象分为经济形象、安全形象、文化形象、政府形象、国民形象五个维度。本节将从这五个维度对国家形象进行立体分析。

经济形象

随着经济全球化的极速发展，经济形象作为国家整体经济实力的"软实力"越来越受到国际社会的重视。首先，经济总量位于前列的国家可以有效吸引投资，促进贸易合作并赢得金融信心，从而在国际上获得国际公众对该国的认同。其次，经济发展的创新能力可以帮助国家获得有效的国际竞争优势。例如，"环境意识"已是国际公认的经济好感度的重要参考指标，能否在经济发展的同时融入创新科技是未来经济形象竞争中的重要契机。再者，经济形象的另一种表现形式是国家的品牌形象，国家拥有多少国际知名品牌是衡量经济实力的重要标准。例如，美国的波音系飞机品牌彰显了美国飞机领域的霸主地位，德国的奔驰、宝马奠定了其全球汽车行业的龙头身份，日本的佳能、松下、索尼树立了其摄像行业的领军实力。可见，"'品牌形象'的塑造和传播是提升一国经济形象，进而提升国家形象，再进而提升国际'软实力'的有效手段"①。

安全形象

国家安全是一种复杂、综合的安全，是指国家政府在管理社会公众过程中涉及的一系列安全问题，包括军事安全、经济安全、食品安全、交通安全、环境安全等。国家安全形象，则是上述安全问题通过相关传播渠道在国内外公众心理所形成的立体印象。当今国际社会的安全问题，早已不局限于军事安全，而是站在全人类可持续发展的立场关注更加稳定和平的国际环境和国际格局。罗伯特·基欧汉（Robert O. Keohane）在《权力与相互依赖：转变中的政治》一书中说："我们生活在一个相互依赖的时代。"一国的安全与否牵动周边乃至世界的动荡，国与国之间相互依存，紧密相连。可以说，安全是一个国家的立国之本，更是影响国际公众对该国评价的重要因素。

文化形象

文化与民族有着天然的密不可分的联系，国家形象是国家软实力的最高层次，文化形象则是较高层次。异国的文化色彩饱含神秘，国际公众对异国文化的好奇和兴趣是促进文化传播的不竭动力。借此，

---

① 吴友富.中国国家形象的塑造和传播 [M].上海：上海复旦大学出版社，2009.

文化可以通过多种形式传递文化信息，塑造国家形象。其中，文化"引进来"方面，中国消费者通过美剧、好莱坞大片了解美国文化，通过 BBC 纪录片和英剧了解英国文化，通过韩国综艺节目、明星天团感受韩流，有了广阔的生活趣味和消费视野。美式风格的家具、英伦风格服饰、韩风饰品及化妆品，文化的传播为消费者带来生活方式的变化，从而影响着中国受众对他国文化的感知。另外，文化"走出去"方面，在国家大力倡导文化发展的社会环境下，我国组织的国际知名的文化交流活动异常丰富，国家大剧院、国家博物馆等为代表的文化交流窗口为异国受众提供了国际一流的文化盛宴，塑造了一个高水平、深底蕴的文化大国形象。

政府形象

政府形象是指作为行政主体的政府在作为行政客体的社会公众头脑中的有机反映，使社会公众对政府的执政理念、整体素质、执政能力、施政业绩等客观实在的总体印象和综合评价①。对于普通公众而言，由于认知的局限性和对事物的评判标准不同，很难有效区分国家行政机关、国家立法机关、国家司法机关等部门的区别，于是便简单地将政府形象等同于国家形象。另外，政府形象仿佛是一个无形的影子，隐藏在其他"经济形象""文化形象"等多重形象中，公众会将这些形象背后的力量归为政府行为，从而上升到国家形象的认知上。在世界银行颁布的《国家财务到底在哪里》报告中显示，各种国家无形资产的积累中"法治程度可决定一国 57% 的无形资本价值"②，通过实证数据印证了政府形象在塑造国家形象中的核心地位。

国民形象

国民形象是指"一国国民对另一国国民的印象、认识和了解，产生于国民之间直接或间接的接触"（李洪山 1999 年华中理工大学演讲稿《美国人的中国观：国民形象与中美关系》），受同期社会价值观和

---

① 吴友富. 中国国家形象的塑造和传播 [M]. 上海：上海复旦大学出版社，2009,

② 韦森. 法治创造 GDP[J]. 瞭望东方周刊，2006（40）.

本国历史文化的影响，是国家和社会文明的重要载体。简单地说，就是中国人对英国人、美国人的评价，韩国人、法国人对中国人的印象等，在这些复杂的国民形象的评价中可以反映出某国的国民素质和道德意识的先进程度。国民形象的好坏最大的决定因素就是国民素质，即"国民在先天禀赋和传统文化的影响下，在社会政治、经济、文化等因素的引导下，通过个人内化为表现出来的相对稳定的品行特征"①。优秀的国民素质，是国际竞争力的良好基础，更是提升国家形象的重要保障。

综上，本书通过对国家形象的塑造者、传播渠道、形象构成进行了分析和总结，可以简要描绘出国家形象构建路径，如下图所示：

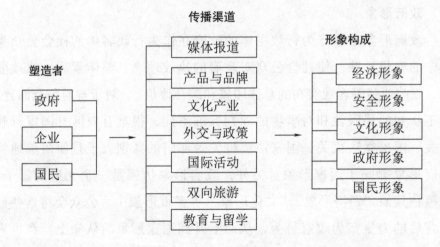

图 2.1　国家形象塑造过程

国家形象的塑造者有政府、企业和国民，通过媒体报道、产品与品牌、文化产业、外交与政策、国际活动、双向旅游、教育与留学七个主要渠道进行传播，最终形成了一个由经济形象、安全形象、文化形象、政府形象、国民形象五个维度构成的国家形象。在这个复杂的构建过程中，以品牌传播为核心的建构路径，即企业—产品与品牌—五类形象，此为品牌构建国家形象的理论路径。

----

① 单培勇.关于国民素质概念及特征的再探讨 [J].新乡师范高等专科学校学报，2003（4）.

二、品牌概念解析

（一）中国品牌的定义

品牌的英文"Brand"源自古挪威文"Brandr"，意思是"烧灼"，最早用于中世纪的庄园主和畜牧业者标记家畜以区分各自归属。这种标记方法逐渐传到欧洲的手工艺者那里，于是他们在自己的手工艺品上刻上烙印，帮助消费者识别产品的制造者和来源地。"这就产生了最初的商标，并以此为消费者提供担保，同时向生产者提供法律保护。"①之后，在20世纪初"品牌"被逐渐应用到销售环节中，20世纪30年代起为学术界广泛关注，50年代大卫·奥格威第一次明确提出品牌的概念，90年代起成为国际营销界热门的话题，是各个企业发展战略的重要目标之一。品牌定义丰富，各研究者的侧重略有不同，经过整理归纳，主要分为品牌形象、品牌识别、品牌关系、品牌整体感知四个维度观点。

表 2.3　三类品牌定义核心要点

定义类别	代表人物	理论要点	研究视角	沟通依据
品牌形象	大卫·奥格威	塑造形象、长远投资	消费者导向	整体形象
品牌识别	菲利普·科特勒	强调产品的特性和利益，重视区别	品牌经营者	实物特征
品牌关系	唐·舒尔茨	占据第一心理位置，建立情感关系	企业与消费者关系	心理排序
品牌整体感知	大卫·艾克	产品、服务、组织、员工、情感、关系等认知感受	消费者	整体感知

通过上述定义的分析，诸多学者从不同角度对品牌的概念进行阐

---

① 丁桂兰，等.品牌管理学[M].北京：经济管理出版社，2012.

释，综合来看主要包括三个层次。首先，品牌具有识别功能，可与竞争对手有效区分。其次，品牌可获得消费者的好感和信任，最终获得价值观的认同。最后，品牌对消费者有用，能够彼此建立持续性关系。品牌是系统性认知，全方位多层次地影响消费者的整体感知。

综上，本书采用大卫·艾克（David A. Aaker）的定义：品牌是企业与消费者通过沟通和互动达成的共识，它以产品为基础，以名称、标识等显性要素为载体，人格、文化等隐性要素为支撑，是消费者的一种整体认知与感受。

中国品牌的内涵应该同时具备品牌的概念和自主的含义。奚洁人主编的《科学发展观百科辞典》认为，自主的含义是指拥有自主知识产权，具有对品牌完全的掌控能力及决定权利。中国品牌主要着重"中国"两字，强调中国企业拥有自主知识产权。因此，本书给出的定义是：中国品牌指由中国企业原创，产权归中资企业所有的品牌。中国品牌不但代表着国家的产业水平，而且还代表着一国的国际形象。

（二）品牌的构成要素

要素是指构成事物必不可少的因素，是组成系统的基本单元[①]。通过对品牌要素的梳理，可以探究品牌的本质。从品牌的本质出发，研究有关品牌建构国家形象的作用机制才能够紧扣根本，厘清脉络。通过对相关文献的阅读和整理，国内外对品牌构成要素的分析丰富多样，本书主要从外部品牌要素理论、内部品牌要素理论和全面品牌要素理论三方面阐述。

外部品牌要素理论的代表人物是凯文·莱恩·凯勒（Kevin Lane Keller），他在1991年提出品牌要素是指品牌名称、标识、URL、广告语、形象代表、图标、包装、广告曲和标志符号等用于区分品牌的标记或商标设计[②]。这些品牌要素是富有意义的可识别的标志，并且能够帮助消费者对品牌形成有效记忆而促进品牌认知，最终促成有独特偏

---

① 李雪婷. 雇主品牌内涵及核私构成要素研究 [J]. 理论探讨，2010（11）：23.

② 凯文·莱恩·凯勒. 战略品牌管理 [M]. 北京：中国人民大学出版社，2003.

好的品牌联想。而内部品牌要素理论的代表人物有法国著名学者卡普费雷（Kapferer）和英国品牌营销教授莱斯利·德·彻纳东尼（Leslie De Chernatony）。卡普费雷（1992）提出品牌要素六棱柱模型，从品性、个性、关系、文化、反映性和自我形象六个层次解释品牌的构成[①]。在这个模型中各个要素相互关联，形成对称结构，从品牌特性和品牌滋生的品质两个角度解释品牌内部各要素之间的关系。贝尔（Biel，1992）提出品牌形象模型被后人称为全品牌要素，他认为品牌形象通过公司形象、用户形象和产品/服务本身形象三种形象得以体现。这三种形象都可以再细分为"硬性属性"和"软性属性"，硬性属性是对品牌有形或功能属性的认知，是建立强势品牌的基础，但是容易被模仿；软性属性反映品牌的情感利益，是消费者对品牌的情感表达[②]。

表 2.4　品牌构成要素内容

维度	主要要素
品牌核心要素	显性：品牌名称、标识、图标、形象代表、广告语、广告曲等
	隐性：品牌承诺、品牌个性、品牌文化、品牌愿景、品牌价值观、精神象征、品牌发展历史等
产品要素	产品类别、产品属性、品质、价值、用途、使用者、生产国等
组织要素	组织特性、地区属性、企业导向、创新能力、对顾客的关心，以及人才、技术、研发能力、企业定位、市场行为等
消费者要素	个性、关系、情感回报、利益等
传播要素	广告传播、公共关系活动、营业推广和企业人际沟通等

通过上述文献和理论的梳理分析，各个学者对品牌要素的内涵外延

[①] Kapferer J.N. Strategic brand management：Creating and Sustaining Brand Equity[M].Long Termkogan，2003：89–90.

[②] 蒋廉雄，卢泰宏.形象创造价值吗？服务品牌形象对顾客价值—满意—忠诚关系的影响［J］.管理世界，2006（4）：104.

都有着不同的认识。本书基于大卫·艾克的品牌结构层次理论，并综合借鉴国内外其他学者的理论精髓，提取出品牌与组织、消费者、产品三个维度有着重要相关性，并且每个维度都包含显性与隐形属性，构建出一个多维立体的品牌构成要素关系图及品牌构成要素内容表，具体如下：

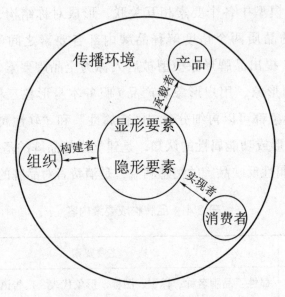

图 2.2　品牌构成要素关系图

如图所示，品牌各层次的构成要素之间存在着相互作用的紧密联系。大卫·艾克（David A.Aaker）在《创建强势品牌》一书中指出组织是品牌塑造的支撑[①]，可以从多个方面对品牌形成强有力的背书，是品牌的构建者；产品是品牌的物质承载，品牌的塑造与传播都不能割裂产品而进行。产品体验是影响品牌认知的重要因素，从品牌的构成要素角度来说产品要素与品牌的显性要素相关性更大；消费者是品牌价值得以实现的核心，满足消费者利益、提升消费者好感、建立品牌信任到最终达成品牌忠诚是品牌塑造目标。当今消费环境中，情感和利益满足更能拉近消费者距离，消费者与品牌的隐性要素的联结更为紧密；品牌构成要素的各个维度之间是相互联系相互作用的。消费者、

---

① 大卫·艾克.创建强势品牌 [M].李兆丰，译.北京：机械工业出版社，2012.

组织、产品能够单独影响品牌的核心要素，同时核心要素由于受到三者的综合影响而不断动态发展，形成新的要素构成又会反作用与消费者、组织和产品要素。这个相互作用的过程是通过信息的有效传播完成，信息存在与品牌活动的所有环节，无处不在无时不有，仿佛一张大网网罗着品牌的方方面面。

（三）品牌形象概念解析

品牌形象作为一种认知概念是消费者信息加工过程中对某一品牌的整体感知。心理学中的感知（Perception）是人们对感性刺激进行选择和组织，并且对其解释为有意义的图像的过程。"形象"是人们处理来自不同信源的感性刺激，经过长期的积累和选择后形成的对某一对象的总体评价。品牌形象，则是消费者在接收各种传播渠道的信息后，经过长时间的接触和了解所形成的对该品牌的认知总和。它是企业的无形资产，是企业核心价值观的直接表现，体现了产品质量、性能、设计、价格等要素综合影响消费者行为的重要信念[①]。

国内外学者对品牌形象的定义侧重不同，主要可以分为强调心理因素、强调自我意义和强调个性三个角度。第一种以消费者的心理因素为出发点定义品牌形象的做法处于主导地位，这类定义重点强调品牌形象是消费者记忆中有关品牌的联想或感知。例如，加德纳和利维（Gardner，Levy，1955）认为消费者对某个品牌的"情绪""态度"和"观念"的总和就是他心中的品牌形象。随后陆续有学者提出不同的心理要素，布尔莫（Bullmore，1984）提出"想法"和"情绪"；科勒（Keller，1993）提出"联想"和"感知"；范秀成和陈洁（2002）提出"感知"和"看法"等。第二种是强调自我意义的定义。按照西尔盖（Sirgy，1985）的理解，只有在某种产品或品牌能够强化消费者的自我形象概念时，消费者才会接受和喜爱。该观点认为品牌形象是消费者自我意义的表达，是对品牌象征意义的自我认可。第三种观点认

① 袁清.浅论塑造企业品牌形象[J].企业经济，2006（11）.

为品牌形象含有"个性"或"人格特征",除了少数学者将之等同于品牌形象,大多数学者认为品牌个性是影响品牌形象的重要维度。大卫·艾克(1997)将品牌个性共分为纯真、刺激、称职、教养和强壮五个维度,是目前最为广泛认可的品牌个性的划分方法[①]。

综上,本书对比了各个学者对品牌形象的研究,借鉴贝尔(Biel,1993)对品牌形象概念的界定,将品牌形象定义为存在消费者记忆中,长期与某一品牌相接触而产生的一系列联想[②]。本书认为品牌形象更倾向于心理要素的作用,在建构国家形象上是一种心理图式的实现。

研究品牌对国家形象的塑造,需要了解国际消费者对品牌国际形象的认知。品牌国际化形象是指国际消费者对品牌的总体印象,其受到不同国家和地区文化的影响,国际消费者对品牌的评价标准不一。奥马尔(Omar,2009)等引入"心像地图"这一概念来进一步阐释品牌国际化形象。心像地图(Mental Map)是指人通过多种手段获取空间信息后,在头脑中形成的关于认知环境空间的"抽象代替物"(abstract analog)[③]。品牌国际化形象是由不同国家和地区的许多信息源产生的,由消费者对某品牌的思想、感情和经验认知等形成的视觉心像[④]。由于品牌的国际形象产生于国际消费者,可能会呈现出与本国市场中的不同品牌形象,所以品牌的国际形象塑造需要针对国际市场进行调整。品牌形象的国际化一般分为两个路径,一是标准化,二是本土化。莱维特(Levitt,1983)认为,品牌国际化是产品在国际层面的标准化,国际化品牌的核心包括独特的品牌意识、附加价值和品牌名称等[⑤]。标准化相对在品牌国际化战略的策划中较为简单,有助于保证品牌信息

---

① 马彬彬.中外品牌形象理论研究综述 [J].赤峰学院学报,2013(5):41-43.

② Biel Alexander L.How Brand Image Drives Brand Equity[J].Journal of Advertising Research,1993(6).

③ 高俊.地图的空间认知与认知地图学:地图学在文化与科技领域的新探索 [C]// 地图学寻迹:高俊院士文集.北京:测绘出版社,2012.

④ Omar, M. Williams,R.L. ,Lingelbach,D. Global Brand Market-entry to Manage Corporate Reputation[J].Journalof Product & Brand Management,2009,18(3):177-187.

⑤ Levitt,T,The Globalization of Markets[J] .Harvard Business Review,1983,61(3):39-49.

的传播效率，也能够促进产品的快速流通。本土化策略则是跨国公司根据国际市场的不同需求，进行有针对性的差异化品牌策略，能够在一定程度上应对"文化折扣"[①]的影响。

第二节　品牌与国家形象研究综述

在国家形象塑造上，国家形象涉及物质、精神和制度三个层级的建设，品牌可以有效传达国家的核心价值观。在国家形象传播时，品牌在产品层面、文化层面及企业层面都可以承载品牌来源国的国家形象。由品牌来源国理论可知，消费者能够通过品牌传播的内容感知品牌来源国形象，或者将广告中的品牌形象与脑海中的国家形象相关联。在国家形象修复中，不仅要去除负面影响，还要为国家形象的可持续发展提供利好观念，当消费者对品牌来源国的熟悉度较低时，品牌的细节性内容能够在很大程度上改变消费者对来源国的既有认知。综上可见，品牌研究的动态发展紧扣国家形象的时代需求，当今"一带一路"倡议的提出为国家形象的塑造提供了难得的历史机遇，品牌研究的应用和创新是不可或缺的重要工具。

一、国外研究

对现代国家形象的定义最早由美国政治学者肯尼斯·布尔丁（Kenneth E·Boulding）在 1956年的《形象：知识在生活与社会中的应用》一书中提出，即"一个国家对自己的认知以及国际体系中其他

---

① 文化折扣指因文化背景差异，国际市场中的文化产品不被其他地区受众认同或理解而导致其价值的减低。

行为体对它的认知的结合"①。为了解释外部群体对某一国家形成的观念认知,1995年,考特姆和赫尔曼(Cottam,Herrmann)进一步提出了"形象理论",认为国家形象的使用是为了平衡自我的积极形象与对其他族群的行为倾向。国家形象被认为是由一个族群对另一个族群的三维评价——目标兼容性(威胁或机遇)、相对权力大小、相对的文化地位所决定的。时至今日,国家形象研究已历经六十余年,研究成果颇丰。从学科归属看,政治、经济、文化、法律、语言、历史、传播等领域较为活跃。从研究视角看,"建构派""要素派""传播派""关系派""认知派"占据主流。与本研究密切相关的理论依据主要有如下三个方面。

(一)消费者视角丰富了国家形象的建构维度

国家形象的建构与传播是全球化背景下各国面临的共同课题,媒体传播、文化交流和公共外交活动是国际认可的三大建构路径,此外企业和产品成为第四类国际化信息载体,为建构国家形象提供了新的渠道。2016年8月,华通明略(Millward Brown)②及Lightspeed GMI③共同发布了《2015中国国家形象全球调查报告》,该报告覆盖了G20中19个成员国,9500位受访者。调查显示,62%和51%的受访者通过当地媒体和使用中国产品是获取中国信息,35%的受访者通过使用中国的产品了解中国。可见,产品通过国际流通正在向世界各地输送,覆盖面广、影响力大,消费者借由产品了解国家形象丰富了国家形象的建构维度。

在国外的相关研究中,主要有以下一些主要观点。拉罗什(Laroche)在2005年提出,国家形象是消费者对特定某个国家的推断、

---

① Kenneth E·Boulding.The Image:Knowledge in Life and Society[M]. Ann Arbor. Mich:University of Michigan Press,1956:120–121.

② 华通明略是 Millward Brown 在中国的合资公司。Millward Brown 是全球领先的调研机构之一,专业从事广告效果、战略沟通、媒介与品牌资产方面的调查研究,在全球超过55个国家和地区开展业务,隶属于 WPP 旗下的 Kantar 数据投资管理集团。

③ Lightspeed GMI 是一家全球知名的国际性在线调研专业公司,拥有覆盖全球40个国家的在线样本库,自有样本量超过500万,每年执行在线研究项目超过2万个,涵盖金融、学术、消费品、母婴、汽车等行业和领域。

描述以及信息信念的总体印象。舍费尔（Schoefer）和达玛托普拉斯（Diamantopoulos）在2008年进一步说明，国家形象的构成要素包括国家的客观存在和相应状态，例如，制度体系、经济绩效、文化认知、领袖风范等。同时，国家形象虽取决于国家的综合国力，但又不能简单等同于国家的实际状况，因为它在某种程度上是被塑造的，与消费者的主观认知、情感和态度有密切的关系。2009年，罗斯（Roth）和达玛托普拉斯（Diamantopoulos）通过实证研究证明，国家形象构成涵盖的要素范围非常广泛而且复杂，消费者的联想对象最高可达729个，但所提频次相对最高的主要集中于认知、规范和情感三大层面要素的联想。其中，认知成分，即对国家工业和科技发展水平的信念；规范成分，即消费者受到社会影响而形成的判断；情感成分，即消费者对国家的情绪反应。

（二）国家形象对产品评价有显著影响

消费者进行产品评价依靠内部线索（Internal Cue）和外部线索（External Cue），国家形象是外部线索之一。埃里克森（Erickson）、约翰逊（Johansson）在1984年通过实证研究发现形象变量（原产国）直接影响对产品的信念[1]。汉（Han）和特波斯特拉（Terpstra，1988）通过实证进一步证明了国家形象对消费者产品质量评价上影响比品牌名称更大[2]。汉（1989）认为来源国国家形象（COO Image）可能产生一种晕轮效应（Halo Effect）抑或总括效应（Summary Effect），影响消费者对产品的信念（Belief）以及对品牌的态度（Attitude）[3]，从此更多学者以这两个模型为基础进行相应的研究。1997年，麦可凯和费森麦尔（MacKay，Fesenmaier）提出国家形象是消费者进行消费决策时的

---

[1] Erickson Gary M.,Johoy K.Johansson. Chao Paul Image Variables in Multi-Attribute Product Evaluations: Country-of-Origin Effect[J].Journal of Consumer Research,1984,11（9）：694-699.

[2] Han C.Min,Veto Terpstra.Country of Origin Effects for Uninational and Binational Products[J].Journal of International Business Studies,1988,19（2）：235-255.

[3] Han C.Min.Country Image：Halo or Summary Construct7[J]. Journal of Marketing Research, 1989,26（2）：222-229.

重要参考因素。李（Lee，1999）研究发现具体产品的制造国形象是整体制造国形象对双重国籍品牌评价影响的中介变量[①]。到了2000年，品牌进一步进入研究者视角，帕帕多普洛斯（Papadopoulos）和赫斯洛普（Heslop，2000）认为国家形象对消费者的购买决策有显著影响，并且比品牌名称的影响更为重要[②]。莫纳·贝克（Baker，2002）则以经济全球化的国际环境为背景，提出国家形象可以作为企业全球营销中持续竞争优势的来源[③]。在国家形象的延续研究中，克莱佩（Kleppe，2002）提出产品来源国形象本身就是国家形象的一部分。2005年，拉罗什等研究则认为，当国家形象的情感构面大于认知构面时，国家形象对产品评价的影响大于对产品信念的影响，反之亦然[④]。

从上述研究可以得出，国家形象对产品评价有显著影响，品牌充当不同角色，但其重要性不容忽视。

（三）品牌来源国是影响消费态度的重要因素

品牌来源国是指"品牌的目标消费者所认为的该品牌所属的国家"[⑤]。这个概念将原产国分为产品制造国与品牌来源国，从品牌视角研究消费者的购买偏好及其背后国家形象的影响机制。汉在1988年的实证研究表明，当消费者对一个国家产品不熟悉时，国家形象以晕轮效应影响消费者对产品的信念，从而影响对品牌的态度；当消费者熟悉这个国家的产品时，国家形象以总括效应显著影响消费者对品牌的态度。马赫斯瓦兰（Maheswaran，1994）则认为消费者的产品知识、

---

① Lee Oongdae,Ganesh Gopala.Effects of Partitioned Country Image in the Context of Brand Image and Familiarity：A Categorization Theory Perspective International Marketing Review[J]. 1999,16（1）：18-39.

② Papadoproulos Nicolas,Louise Heslop.Country as Brand[J].Ivey Business Journal, 2000,（Nov./Dec）.

③ Baker,M.L.Ballington Country of Origin as a Source of Compefitive Advantage[J].Journal of Strategic Marketing,2002,10（2）：157-168.

④ Laroche Michel,Papadopoulos Nicolas,Heslop Louise,Mourali Mehdi.The Influence Of Country Image Structure on Consumer Evaluations of Foreign Products[J].International Marketing Review,2005,22（1）：96-115.

⑤ Nebenzahlid,Jaffeed .Towards A Theory of Country Image Effect on ProductEvaluation [J].Management International Review,1997,37（1）：27-49.

性别等会影响品牌来源国（地区）效应。古汉·坎利和马赫斯瓦拉（Gürhan Canli，Maheswaran，2000）提出消费者对同种产品的评价会因为品牌来源国（地区）的不同而不同，最终影响消费者的购买决策。2011年，萨米耶（Samiee）提出当今的国际形势下，大多数知名品牌都是通过多国参与零部件组装而联合生产，几乎很难将某产品归属于其中某个国家，与原产国相比，品牌起源国却与某国直接相关。

当前经济全球化一体化发展迅猛，跨国公司品牌的影响力快速加大，很多产品从设计、制造到组装等都可能在多个国家（地区）完成，尽管只有少数消费者可以有效区分品牌来源国、产品制造国、产品组装国的差异，但是每一个产品的品牌仍然具有明确的品牌来源国（地区）。例如，联想公司虽然已经收购 IBM 笔记本，它的总部也已搬至美国，但是大多消费者仍认为它是中国品牌。

综上，尽管品牌来源国的研究仍在强调国家形象的背书作用，没有涉及国家形象的反作用，但是上述研究已经凸显品牌是当今复杂国际化市场的有效识别和价值体现。从品牌出发，研究其对国家形象逆向作用意义非凡。

二、国内研究

自20世纪90年代以来，有关国家形象方面的研究，一直是国际传播研究领域的重点。进入21世纪后，我国国家形象建构的重要性越来越受到关注，以提升国家"软实力"为主要诉求的国家形象建构成为了诸多国家重点发掘和研究的课题领域。来自不同学科、不同领域的许多学者对此展开了多学科、多角度的研究，形成了颇为丰富的研究成果，经梳理，与本书相关的研究主题主要集中在三个方面。

（一）品牌是国家形象传播的重要载体

如今，世界各国往来密切、媒介生态格局逐步改变、传播技术日益革新都为国家形象的对外传播带来了诸多可利用的资源，学界也相应提出诸多有益的观点、策略。荆学民、李彦冰（2010）提出当下的研究背后隐藏暗疾，片面性、浅层性、趋同性问题突出，国家形象传播的实效性问题悬而未决。张昆（2013）进一步说明，所谓"媒介中心主义"，以往表现为依赖大众传播媒介，而忽略了非专业性的传播媒体、新兴媒体及其他人际传播和跨文化传播渠道。周树华、阎岩（2015）则更加明确地提出，国家间的紧密相连在带来国家认同焦虑的同时，也开辟了多姿多彩的国家形象传播渠道。如再固守传播媒介，将其作为国家形象传播的唯一渠道就有些不合时宜，因此探索国家形象对外传播的多元渠道势在必行。

由此，部分学者开始探讨媒介之外的传播渠道，其中，品牌成了一项重要的传播载体。杨骏（2016）对三峡品牌海外项目进行了深度剖析，作为全球最大水电企业和中国最大清洁能源集团，三峡品牌用精品工程打造国家品牌，用诚信务实树立国家形象，有效地塑造了中国卓越、优质的国家形象。张昆、王创业（2017）提出，华为、联想、中国国际航空公司、阿里巴巴等是海外民众熟悉度最高的中国品牌，它们的产品、服务被国外组织、个人使用，产品质量的好坏、服务态度的优劣则直接关系着使用者对其评判进而影响到国家声誉。蔡盈洲（2017）从跨文化传播的视角出发，认为文化观念和价值理念是文化品牌的内核，决定其品牌的灵魂。打造电视剧跨文化传播的品牌，构建和传播国家形象是基本方向。郭继承（2017）通过大量的数据考证，证实了中国高铁抓住了新一轮世界科技革命带来的战略机遇，百年来第一次使中国站到了一个产业标准缔造者的位置，完成从"中国制造"到"中国创造"的跨越，提高了中国的国际地位和形象。宋玉书、徐佳（2018）提出中国制造品牌传播应着力展示中国制造的技术创新和品质革命，为重建中国制造的新时代形象充分发挥信息先导和舆论护卫作用。

（二）国家形象建构中企业要素作用显著

企业是从事经营盈利活动的社会组织，它以自身的产品与服务来参与国家形象的塑造与传播，特别是出口产品的企业。某种程度上，人们通过企业、产品与品牌来认识一个国家，透过企业的产品与服务来了解一个国家的科学技术和现代化水平，并由此形成对一个国家的初步认知与评价。刘立华、谢静（2013）以社会建构主义理论为指导，通过话语分析视角探讨近十年来中国企业跨国并购中的国家形象建构过程，提出了中方应擅于运用话语策略等建构良好的企业形象和国家形象。徐龙静（2016）基于国际政治学视角，提出企业公共外交的第一任务是塑造国家形象，通过企业公共外交塑造国家形象切实可行，而良好的国家形象不仅有利于企业营造良好的海外经营氛围，更能为企业创造经济效益。胡钰（2016）通过大量的海外调研，提出"央企"（中央管理企业）形象是国家形象的重要组成，央企也是国家形象的重要塑造者。央企高品质的产品和服务、良好的社会责任履行，能够展示中国负责任的大国形象，而创新力、竞争力则可以提升中国社会主义大国形象。廖秉宜、李海容（2017）分析了企业海外声誉与国家形象建构具有重大关联，企业海外声誉是国家形象战略的重要构成，良好的企业海外声誉有利于塑造积极正面的国家形象，反之亦然。提出产品质量、科技创新、社会责任和战略传播是中国企业海外声誉提升的路径与策略。范红（2017）探讨国家形象的多维塑造思路和立体传播策略，企业形象是国家形象建构的重要维度，认为走出国门的中国企业代表着国家的民族品牌，只有建立起良好的品牌形象，才能在消费者心目中树立良好的国家形象。孙慧娟（2018）对国家形象和企业社会责任的关系进行阐述，对当前企业海外社会责任问题与国家形象塑造面临的问题进行分析，提出能够有效防范社会责任问题并塑造国家形象的措施。

可见，强势的国家形象能为本国企业品牌的国际化提供强势价值平台，而企业品牌的成功运营也有助于提升国家形象。企业是品牌进入世界市场、参与国际竞争的重要手段，在这个层面担当重要角色。

（三）品牌在国家形象建构中的影响日渐彰显

很多学者将消费者的产品体验作为连接品牌和国家形象的中介，研究品牌与国家形象之间的辩证关系。例如，尹盛焕（2006）将韩国消费者对中国国家形象感知维度划分为：工业化、生产体制以及教育水平。通过实证研究，韩国消费者在海尔品牌偏好上，工业化和教育水平影响显著。王毅（2010）将国家形象和品牌形象同时作为产品评价的自变量，将爱国心和产品 FCB 属性作为调节变量，研究了国家形象和品牌形象对于产品评价的影响。研究发现产品的国家形象对于消费者的产品评价有正向影响作用，产品的品牌形象对于消费者的产品评价也有正向影响作用。而中国消费者的爱国心的调节作用不明显，产品的 FCB 属性则确实对于品牌效应存在调节，但没有调节国家形象效应。江红艳、王海忠、钟科（2014）原产国刻板印象会调节品牌丑闻对国家形象的溢出效应，而消费者的可预期性感知在上述调节效应中发挥了中介作用。王新刚、周玲、周南（2017）从品牌来源国国家形象的认知、规范和情感三个方面，研究了其在品牌丑闻跨国非对称溢出效应当中的影响，从国家层面关注不同来源国品牌之间的丑闻溢出效应。研究表明消费者会根据他们对发讯品牌和受讯品牌的国家形象构成要素的联想感知，对品牌丑闻跨国溢出效应进行推测和评判。董妍（2017）通过扎根研究，提取出品牌的各个要素对建构国家形象的作用，并总结出品牌建构国家形象的心理机制模型。沈滔（2017）通过对美国消费者的实证调查，证实了国家形象和产品来源国形象（COO）之间的正相关关系，并验证了产品来源形象对消费者品牌感知的影响效果。朱艳慈、刘永新、侯立松（2018）通过研究"中国制造"海外形象的结构层面及内在机理，提出无论是政府还是企业都重视品牌的作用，建立国家品牌，发挥光环作用，同时形成强势品牌，发挥连带和协调作用。

综上，品牌可以通过产品、文化、消费体验等多个层面建构国家形象，是对国家产业发展和文化输出的有效工具。但是现有研究主要基于品牌策略的输出和原产国形象的影响分析上，以品牌为研究视角，对于国家形象建构与影响的研究仍有很多学术空白，更缺乏相应的理论创新。

第三节　"一带一路"倡议的研究综述

　　"一带一路"倡议具有深厚的内涵和丰富的外延,且一直处于不断发展中。2015年3月由国务院授权,国家发改委、外交部和商务部联合发布的《推动共建丝绸之路经济带和21世纪海上丝绸之路的愿景与行动》(以下简称《愿景与行动》)对其共建原则、框架思路、合作重点、合作机制、战略部署等做出了权威阐释。2017年,71个"一带一路"国家 GDP 之和预测为14.5万亿美元,占全球 GDP 的18.4%;人口总数预测为34.4亿人,占全球人口的47.6%;对外贸易总额为9.3万亿美元,占全球贸易总额的27.8%,在全球贸易版图中占据重要地位。本书所涉及的"一带一路"国家,是根据2018年3月国家一带一路官方网站——中国一带一路网(www.yidaiyilu.gov.cn)上"各国概况"栏目所列出的71个"一带一路"国家。根据国家信息中心"一带一路"大数据中心发布的《"一带一路"贸易合作大数据报告(2018)》,将这71个国家按区域划分如下:

表2.5　"一带一路"沿线国家分布表

地区	国家
亚洲大洋洲14国	蒙古国、韩国、新西兰、东帝汶和东盟10个国家(新加坡、马来西亚、泰国、印度尼西亚、菲律宾、文莱、柬埔寨、缅甸、老挝、越南)
中亚5国	哈萨克斯坦、乌兹别克斯坦、土库曼斯坦、塔吉克斯坦、吉尔吉斯斯坦
西亚18国	格鲁吉亚、阿塞拜疆、亚美尼亚、伊朗、伊拉克、土耳其、叙利亚、约旦、黎巴嫩、以色列、巴勒斯坦、沙特阿拉伯、也门、阿曼、阿联酋、卡塔尔、科威特、巴林

地区	国家
东欧 20 国	俄罗斯、乌克兰、白俄罗斯、摩尔多瓦、波兰、立陶宛、爱沙尼亚、拉脱维亚、捷克、斯洛伐克、匈牙利、斯洛文尼亚、克罗地亚、波黑、黑山、塞尔维亚、阿尔巴尼亚、罗马尼亚、保加利亚、马其顿
非洲及拉美 6 国	南非、摩洛哥、埃塞俄比亚、马达加斯加、巴拿马、埃及
南亚 8 国	印度、巴基斯坦、孟加拉国、阿富汗、斯里兰卡、马尔代夫、尼泊尔、不丹

本表系根据"中国一带一路网"相关资料整理

一、国外研究

两千多年前，亚欧大陆勤劳勇敢的人民探索出多条连接亚欧非的贸易与文明的交通要道，后人将其称为"丝绸之路"。围绕"丝绸之路"的历史溯源和发展研究丰富多样，对"一带一路"的研究目前主要集中在对"一带一路"倡议的解读，或者是沿线国家的利益诉求及相关评论。

1877 年，德国地理学家费迪南（Ferdinand）在他的《中国》一书的开篇里，将公元前 114 年至公元前 127 年间，中国与河中地区、中国与印度之间丝绸贸易频繁的交通路线，称为"seidenstrassen"（英文译为"Silk Roads"），一般认为这是"丝绸之路"一词的起源[①]。1910 年，德国历史学家阿尔伯特·赫尔曼（Albert Herrmann）在其《中国和叙利亚之间的古代丝绸之路》一书中进一步阐释"丝绸之路"的含义，即"我们应该把这一称谓一直延伸到通向遥远西方叙利亚的道路上去"。之后，斯文·赫定出版《丝绸之路》使"丝绸之路"一词被社会各界普遍接受。

---

① 王胜三.一带一路百问百答 [M].北京：中国社会出版社，2015,

随着"丝绸之路"的发展，其早已成为国际政治、经济、文化交流的通道。近年来，世界许多国家也纷纷提出各自的"丝绸之路"设想。1993年，联合国开发署启动了"丝绸之路计划"，旨在促进世界各国的国际合作。1997年，日本为加强日本在中亚及南高加索7国的政治经济地位，发布了《丝绸之路外交战略》。2002年，俄罗斯、印度和伊朗制定了"北南走廊计划"，打通了从印度至俄罗斯的交通要道。2009年，欧盟为降低对俄罗斯油气资源的依赖提出了"新丝绸之路计划"。2011年，美国提出"新丝绸之路战略"即依托阿富汗连接中亚和南亚的区位优势，形成以阿富汗为中心的中亚—阿富汗—南亚交通运输与经济合作网络[①]。同年，伊朗试图将伊朗境内的铁路经阿富汗、塔吉克斯坦、吉尔吉斯斯坦与中国铁路连通，提出"铁路丝绸之路计划"。2012年，哈萨克斯坦为完善交通基础设施开始实施"新丝绸之路项目"等。

2013年，中国国家主席习近平在出访中亚和东南亚国家期间，先后提出"丝绸之路经济带"和"21世纪海上丝绸之路"的倡议，受到国际社会的高度重视。2014年，新加坡驻华大使发布《中国—东盟应借"21世纪海上丝绸之路"建设实现合作转型》;《南洋晚报》刊登《21世纪海上丝绸之路带给马来西亚新契机》;伊朗经商参处发表《伊媒撰文讨论"一带一路"》;博鳌亚洲论坛分会场，巴基斯坦总理那瓦兹·谢里夫提出"四个促进"建议。此外，另有印度、阿拉伯国家、柬埔寨等多国就"一带一路"倡议发表各类观点。

二、国内研究

自从2013年9月和10月，习近平分别提出建设"丝绸之路经济带"和"21世纪海上丝绸之路"的构想之后，媒体和学术界开始关注对"一

---

① 徐绍华，李海樱，蔡春玲.中外丝绸之路战略比较研究 [J].云南行政学院学报，2016（1）：165-171. 韦明.企业的品牌全球化战略 [J].经营管理者，2012（12）：58-59.张毓强，张楠."面向2008年的公共外交与国家形象论坛"述评 [J].现代传播.

带一路"倡议的解读和研究。2015年3月27日，在海南博鳌亚洲论坛上，国家发展改革委（简称"国家发改委"）、外交部和商务部联合发布了《推动共建丝绸之路经济带和21世纪海上丝绸之路的愿景与行动》，使"一带一路"倡议变得公开、透明。同时，这也让科学解读这个倡议以及认识其带来的科学问题成为可能。2015年起，学术研究逐步掀起了关于"一带一路"的新高潮，其中，与本书选题相关的研究主要有以下个五方面。

第一，学者们探讨了"一带一路"倡议与区域间经济发展及合作研究。首先，该领域的研究成果包含了"一带一路"倡议背景下的国际区域间的经济发展与合作研究，如了一凡（2015）认为，"一带一路"能够拉动经济增长，带动双边投资。"一带一路"本质上是我国对外投资战略，出口最大的地区即是我国对外投资最多的国家和地区。赵儒煜、肖模文、王媛玉（2017）提出，全球经济失衡的现状及成因错综复杂，根本原因在于长期形成的全球生产体系与国际产业分工格局。杜永红（2018）认为，在"一带一路"框架下中国与美国之间的良性互动关系将为双方实现互利发展创造空间，为国际发展和全球治理提供新的助力。其次，该领域的研究也包括了国内各地区经济发展规划研究。如刘国斌（2015）提出，东北地区应认真贯彻国家"一带一路"倡议构想，依托区位优势，切实找准在国家"一带一路"建立中的定位。王春艳、程健、韦晓宏（2017）研究了西北地区利用"一带一路"倡议带来的新契机，依据区域一体化构想的突破方向和设计构建西北地区的区域四位一体化。马廷魁（2018）以"一带一路"倡议为背景，分析了西部民族地区跨域网络信息流通机制研究现状和跨域突发事件中的多重信息传播效应，提出搭建跨域应急联动信息共享和行动整合平台，构建跨域网络安全电子信息走廊的建议。

第二，学者们探讨了中国企业如何在"一带一路"倡议下有利发展。如王领、胡晓涛（2017）提出，中国企业已经在国际市场上积累了相当的要素资源优势。"一带一路"倡议下国家间的协调发展和互利共赢的合作主旨，有利于我国在沿线国家构建以中国企业主导的全球价值链。周明勇（2017）提出，由于沿线国家法律、道德及风俗习惯的不同，我国企业应当从国家和企业两个方面着手，构建企业在"一带一路"沿线的生态市场制度。王杉、刘思跃（2018）从当前国有企业参与"一带一路"建设面临的金融风险入手，提出在继续深化国有企业改革、完善现代企业制度的基础上，还需结合"一带一路"金融风险以及国有企业特殊性。

　　第三，学者们就"一带一路"倡议指导下的营销战略研究，主要从行业发展、企业个案或者以中小企业为群体进行研究。邓满（2016）提出，"一带一路"背景下，我国农产品应该从缩小区域化差异、加强标准化建设、发展云物流、培养专业化营销队伍等方面完善发展。张忠艳（2017）认为，目前我国文化企业应该从抓住发展机遇、明确营销地位、完善营销规划和培养专业人才等角度出发，全面促进我国文化企业在"一带一路"倡议背景下的健康长期发展。吴延洁（2018）跨境电商企业应当以宣传中国文化为主体，尊重多元文化，以消费者国文化为基础进行商务沟通。同时，充分熟悉消费者所在国的权益保护法律规定，合理定价。李丽、郎润华（2018）认为，四川酒品牌应制定以中国文化为主导或东道国文化为主导的跨文化传播战略，同时加快实行四川酒品牌与文化的体验营销，促使四川酒品牌从"中国品牌"向"世界品牌"的跨越。沈瑞山、华敏（2018）提出，"一带一路"倡议的引领下，我国中小企业只要顺应潮流，不断创新，在国际市场营销的竞争中定能再创辉煌，实现国际大舞台上的华丽转身。

　　第四，学者们大多（在中国知网以"一带一路""品牌"为关键词搜索到的研究文献中）将研究重心放在区域品牌或者城市品牌的建设上。如张丽（2015）以"一带一路"倡议为背景，对重庆做了SWOT分析（态式），从目标市场、城市定位、城市形象传播、城市核心价格四个方面提出了重庆城市品牌营销的相关策略。李隽（2016）认为，连云港正处于"一带一路"倡议发展下的大好机遇，迫切需要实施城市品牌营销战略，来提高连云港的城市竞争力。其提出，连云港城市品牌营销战略即政府主导传播城市品牌；国际视野营销城市品牌；全民动员维护城市品牌。而彭志坚（2018）提出，泉州城市品牌建设应当通过加强海丝文化的阐释与表现研究，制定海丝文化发展规划，创建海丝文化产业政策环境，以及制定海丝文化品牌建设效果测评反馈机制等一系列措施，将海丝文化塑造为泉州独具特色的城市品牌。金光珠（2018）认为，"一带一路"是我国经济、文化输出推广的重要举措，也是我国体育赛事品牌获得发展的全新契机。李晶（2018）分析了自主品牌汽车企业在实施国际化战略中面临的问题，并有针对性地提出了加快实现从"走出去"到"走进去"的战略规划和实施，协同合作，打造我国自主品牌车企海外市场整体竞争优势。

第五，学者们主要通过企业、媒介、文化、公共外交四种建构国家形象的方式进行研究。如徐旭伟（2016）认为，在实施"一带一路"倡议过程中，我们应当借助此契机，从增强外宣、提升国际话语权、加强沿线国家受众研究等角度塑造和输出我国国家形象。茹艳、兰晰（2017）认为，"讲好中国故事，传播好中国故事"是"一带一路"题材纪录片创作的首要准则，应该以更广阔的全球化视野和纵深里表达和呈现"中国故事"，塑造中国国家形象，传递政治互信、经济融合、文化包容的美好愿望。覃杰（2017）认为，关于"一带一路"的倡议，逐步形成了国际与国内两大舆论场，借力"一带一路"的发展契机，依靠媒介战略、文化战略，提升中国的软实力水平，展现中国的大国形象。唐小松、景丽娜（2017）提出，国家形象的改善将会促进、推动"一带一路"倡议的成功实施。公共外交历来被视为国家形象构建的"黄金工具"，要充分利用这一工具构建良好的国家形象。柳邦坤、刘敏怡（2018）认为，"一带一路"给国家形象的建构与传播带来了新的机遇。总之，通过运用媒体、整合传播、公共外交、民间交往等策略传播中国国家形象，能够顺应时代潮流，促进经济和文化的交融发展，提升国际地位，增强大国魅力。

　　统观当前的国外研究，自2015年后，以"一带一路"为题，通过公众外交、传统媒体和新媒体的应用、跨文化传播等方式建构与提升国家形象的研究逐渐增多，大多围绕沿线国家的利益诉求及相关建议，以本国利益为出发点探讨如何在"一带一路"倡议实施中获得发展红利，关注视角以国家发展规划或基础设施建设为主。有部分研究认可企业、产品、服务可以在第一程度上影响国家形象的输出，但是系统性的研究成果不足，整体研究缺少企业个案的挖掘，也缺少品牌学背景的专业文章关注品牌如何在"一带一路"倡议下的走出国门。尽管对"一带一路"倡议解读的视角丰富多样，但是研究缺少立足企业视角，探究国家形象在品牌学领域的建构路径和理论创新。本书将以此为研究思路，结合前人已有研究成果，进行系统地、理论性地论述。

第三章　品牌建构国家形象的理论基础

本章首先梳理了建构主义视域下的国家形象观，明确了国家形象作为国际关系体系里国家身份的反映，推导出建构主义视角下国家形象的建构模型，为后文聚焦品牌视角奠定了理论框架。然后以品牌为视角，结合心理学、传播学、社会学等学科理论，追踪品牌信息流的传播路径，探讨消费者解码品牌信息的工作机理，以国家形象建构理论为基础，完善了以品牌为中介的国家形象建构模型，为后文分析中国品牌如何建构国家形象提供了学术视角和理论支撑。

第一节　建构主义视角下的国家形象

本节梳理建构主义视域下的国家形象观，明确国家形象作为国际关系体系里国家身份的反映，是在国家间交往互动中通过共有知识的达成而建构出来的。国家间身份的确定代表着各自国家利益的划分，进而确定彼此心中的国家形象。建构主义理论中，认知不协调理论和"集体自尊"需求是国家形象建构的动因；"交往互动"和"共有知识"是建构国家形象的核心因素；信息传播—共有知识—国家形象是国家形象的建构机制，为后文聚焦品牌视角奠定了理论框架。

一、国家形象建构动因分析

美国社会心理学家 L. 费斯廷格（Festinger L.）于1957年提出的"社会认知论"认为，社会中的每个人都在试图让自己处于没有矛盾的状态，然而并没有人可以做到没有任何矛盾，在这个不断消除矛盾的过程中就出现了自身认知不协调，对此现象产生的分析便产生了"认知不平衡理论"。国家形象是社会公众头脑中对一国的整体评价，然而在国际社会中，常出现一国的国家形象与该国的综合实力并不匹配的情况，其国家形象也不是本国客观情况的如实反映。另外，由于政治、经济、历史、文化、个人经验等因素国内公众对一国的评价与国际公众的评价有很大的不同，甚至完全相悖，为了调和这种认知的不协调，即为国家建构国家形象的动因之一。

依建构主义的理解，建构国家形象的另一个原动力来自"集体自尊"的需求。"建构主义"（constructivism）这一术语最早出现在奥努弗（Nicholas Onuf，1989）在《我们缔造的世界》一书中，从属国际关系领域，是20世纪80年代后与现实主义、自由主义并驾齐驱的"三大主流理论"之一。建构主义的代表人物美国亚历山大·温特（Alexander Wendt），其理论专著《国际政治的社会理论》相对完整地论述了建构主义理论的方法论、世界观和认识论。在方法论上，温特强调整体对个体的作用，即国际体系结构对国家的作用。这种作用不仅可以影响国家行为，同时可以建构国家身份和利益。在世界观上，温特承认客观物质的存在，但是强调客观因素只有通过行为体的共有观念才能够产生影响行为的实际意义；而在认识论上，他坚持科学实在论原则，推崇实证主义认识论。温特论及国家利益概念时，在乔治和基欧汉所提出的生存、独立、经济财富三种国家利益的基础上，提出了第四种利益，即"集体自尊"（self-esteem）[①]。所谓集体自尊是指个体对自己所在社会群体价值的评价和感受，它强调的是集体价值感、

---

① 温特.国际政治的社会理论 [M].秦亚青，译.上海：上海人民出版社，2000：295.

尊重感和良好感。国家作为个体在竞争激烈的国际环境始终在寻求良好的"集体自尊"，国家形象作为国家利益的一部分是满足国家"集体自尊"的重要方式。因此，对"集体自尊"的需求是建构良好国家形象的动因之二。

二、建构主义对国家形象建构的启示

随着理论的发展演绎，尽管建构主义的理论分支众多，但是几乎所有建构主义理论都包含了三条概念、三个核心命题和两条基本原则。具体如下表：

表 3.1　建构主义核心内容

三条概念	规范（norms）	对某个特定行为体所作行为的集体期待，属于一种社会约定，包括规则、标准、习惯、习俗等
	认同（identity）	某个行为体所具有的和展示出的个性及区别性现象，属于社会心理学范畴
	共有知识（shared ideas）	行为体在一个特定社会环境中共同具有的理解和期望，在温特建构主义思想中亦指文化、结构
三个核心命题	国际政治体系中，除了物质结构以外，还存在社会结构	
	"认同"构成利益和行为	
	世界政治行为体和结构之间存在着相互构成关系	
两条基本原则	人类关系的结构主要由共有观念，而不是物质力量决定的	
	行为体的身份和利益是由这些共有观念建构而成，不是天然固有的	

围绕建构主义对国家形象的启示，本节继续抽丝剥茧得出建构主义最为核心的三个关键词，一是共有知识，二交往互动，三是国家身份。

首先，共有知识。在国际关系领域，世界政治体系的结构包括物质结构和社会结构。所谓物质结构，是指各行为体在一定社会中所处的相对位置，以及它们之间物质的实力分配状况；而社会结构，则是指行为体行为的文化内容，如构成社会主流特征的、占支配地位的信仰、规范、观念和认识等。建构主义认为，社会结构具有相当的构成力，它的存在并不是独立于社会行为体的知识实践之外的，而是行为体互动实践的产物；社会结构不是物质能力分配，而主要是一种观念的分配。由此，温特引入"知识"一词描述这种观念。"知识"分为自有知识和共有知识，自有知识是指个体行为体持有的而他人没有的信念，对国家来说，自有知识往往来自国内或意识形态因素；共有知识是指行为体在一个特定社会环境中共同具有的理解和期望，是社会意义上的行为体之间共同的、相互关联的知识，温特将这种共有知识称为"文化"，主要包括规则、规范、制度、意识形态等具体形式。

其次，交往互动。由于"国家根植于跨国和国际间密切的社会关系网络中，这种社会关系网络规定着国家对世界的看法以及自身在世界中所充当的角色"[①]。国家以维护自有知识为根本，受到国际政治体系中共有知识的制约。因此，为了达成行为体的利益需求，国家需要将自有知识向共有知识转化。自有知识向共有知识转化是通过国际间的"交往互动"实现的。通过交往互动，国家之间形成共有观念，以此共同界定对方身份，即或是敌人或是竞争对手或是朋友。这种认识使得它们能够采取某些行动，使交往得以持续进行下去。行为体之间的交往互动使自有知识转化成了共有知识，再有共有知识形成了文化，依据文化决定行为体的身份、利益和行为。

最后，国家身份。从某种意义上说，建构主义是身份政治理论[②]，国家是具有身份和利益的实体。"从国际层次建构上看，国家身份在相当大程度上是内生于国际体系的，由国际体系文化、制度、观念建构的。"[③]也就是说身份根植于行为体的自我领悟，通过自我和他者持有

①　悦世雄，等. 当代西方国际关系理论 [M]. 上海：复旦大学出版社，2009：224.

②　温特. 国际政治的社会理论 [M]. 秦亚青，译. 上海：上海人民出版社，2000：27.

③　方长平. 国家利益的建构主义分析 [M]. 北京：当代世界出版社，200：93.

的两种观念建构而成，并且通过他者视角出发赋予它自己一系列意义。在国际体系文化中，与国家身份密切相关的是国家利益。国家利益不是给定因素，而是随着国家的社会性实践和国家在实践中形成的身份而发生变化。建构主义理论认为国家身份不会直接影响国家的行为，而是因为身份发生变化，导致利益变化，从而带来行为的变化。

综上，建构主义认为交往互动形成共有知识，共有知识建构国家身份，国家身份界定国家利益，国家利益确定国家行为（如图3.1）。

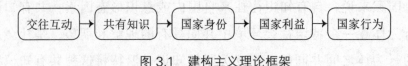

图 3.1　建构主义理论框架

建构主义理论对于国家形象建构具有的重要启示有三点。

第一，国家形象是可以建构的。以温特为代表的建构主义没有否认物质的客观属性，但是强调客观物质需要通过观念因素才能够发挥作用。国家形象虽然由组成国家综合实力的各种客观事实所构成的，但是这些客观事实是需要通过国际社会的观念交往才能获得意义。也就是说，"国家形象往往并非一国客观概括的真实反映，很多时候，它是国家间交往互动的产物"①。

第二，交往互动是建构国家形象重要途径。通过交往互动，国家之间形成共有观念，以此共同界定对方身份，建构出了相互身份或认同或敌对或竞争或合作的关系。交往互动的多或少，抑或通过何种方式，都能够影响到最终行为体的观念输出。因此，选择正确、合理、适度的互动渠道是构建良好国家形象的重要维度。

第三，共有知识是建构国家形象的核心诉求。行为体之间的互动形成共有知识，而共有知识反过来又建构行为体，共有知识与行为体之间存在一种互构关系（co-constitute），即国家之间的交往互动能够形成共有知识，而这种共有知识又可以反过来影响国家形象的塑造。

---

① 董青凌，李爱华.和平发展合作：关于中国国家形象建设的几点思考[J].北理论学刊，2006（4）.

因此，建构友好合作的国家形象的核心就在于交往互动中形成积极的共有知识，进而形成国家间的身份表达。

三、建构主义对国家形象的理论诠释

作为国家身份的反映，国家形象的确立过程与国家身份的确立过程是同一的[①]。建构主义认为，国家形象不是客观固有的，而是在国际关系体系中通过国家之间的交往互动而产生的，是国家身份的折射，是与国际受众达成共有知识后形成的概括性的评价和印象。在建构主义的观照下，国家形象的建构过程可以概括为：交往互动—共有知识—国家形象。"传播是社会这个建筑物得以黏合在一起的混凝土。"[②] 从传播学的角度来看，传播的实质就是以符号和媒介为载体而交流信息的一种社会互动过程。在这个过程中，人们通过交换信息建立关系，形成共有知识，完成自我信息的补充、强化和改变。国家间的信息传播方式丰富多样，首脑互访、多边会谈、媒体传播、活动交流等都是信息交换的过程，其目的是增进彼此了解，达成思想认同，进而确定双方的身份和利益关系，最终完成提升国家形象的使命。从这个意义上讲，国家形象的理论机理可以是：信息传播—共有知识—国家形象。

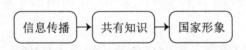

图 3.2　建构主义下国家形象建构机制

为了更好地把握这个建构过程，需要注意以下两个方面。

首先，建构国家形象的积极信息需要有效传播。从建构主义的角度来说，国家之间的交往互动越频繁紧密，彼此认同的观念和知识就越牢靠，最终，两国之间形成的身份和形象就会越稳定[③]。国家形象的

---

① 李智. 中国国家形象：全球传播时代建构主义的解读 [M]. 北京：北京新华出版社，2011：44.

② 诺伯特维纳. 人有人的用处 [M]. 北陈步，译. 北京：商务印书馆，2008：20.

③ 李智. 中国国家形象：全球传播时代建构主义的解读 [M]. 北京：北京新华出版社，2011：45.

塑造是一个长期而复杂的过程，国与国的历史关系，以及国家间利益的矛盾、文化的不协调等因素都发挥着不可忽视的影响。国家间需要足够多的信息传播，传递对自身有益的理念、文化，最终影响国际共有知识向契合自身价值观的方向聚合。通过建构理论的了解，虽然国际体系结构影响了国际行为体的实践，但国际体系结构的产生和延续却是基于国际行为体的社会实践，行为体和结构是相互建构的[①]。国家形象能够建构，也能通过行为体的行为改变原有形象，树立新的更好的国家形象。由此在建构国家形象时，首先要确保国家间的交往互动是否传递积极的信息，信息是否能够有效地传达。

其次，共有知识是经过心理认知重构的结果。国家形象是国家体现在公众心目中的形象，是由国家客观现实（实像）通过认知机制，进行信息和文化的双重选择后得出的主观印象（虚像）。借用社会心理学家布伦斯维克（Brunswik）的"认知透镜模型"（Lens model of perception）[②]理论，该理论提出，远体刺激通过一定的介质在认知主体眼中形成近体刺激，近体刺激是对远体刺激的重构，但是由于介质的区别和认知主体的个人经验区别，这种重构是不完全的，信息会加入也会消失。

本研究借助心理学中的透视模型[③]，说明国家形象的产生（见图3.3）。

根据认知透镜模型，国家形象的认知主体是国际公众，认识客体是国家的客观事实即远体刺激（distance stimulus），认知主体需要借由一定的媒介（mediator），远体刺激才能反映到认知主体的眼睛中进而形成

① 蒙象飞.中国国家形象建构中文化符号的运用与传播 [D].上海：上海外国语大学，2006.

② 社会心理学家布伦斯维克曾提出认知透镜模型，来说明对事物的认知过程。BrunswikEgon.The Conceptual Framework of Psychology[M].Chicago：University of Chicago Press,1952.

③ 透镜模型是心理学家布朗维克于年建立的，用来了解人类判断过程的框架模型。它把世界分成环境和个人判断系统两部分，认为人们对事物的判断正是基于两者的结合。透镜模型原先主要用来研究有机体和环境的相互作用，现在已经被广泛运用于除心理学以外的商业风险评估、投资决策、音乐表演等多个领域。

近体刺激。国家形象的形成经过了信息选择过程（媒体话语权、利益影响与认知途径的自我选择）和文化选择过程（媒体文化、认知文化与政治文化的潜意识选择）实现①。国家形象并不是国家客观现实的完全复制，两者的偏差是由于信息传播媒介和个人经验的不同造成的。

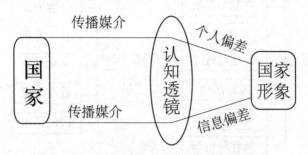

图 3.3　国家形象形成的"透视模型"

四、建构主义理论下国家形象的建构机制

建构主义认为，国家形象不是客观固有的，而是在国际关系体系中通过国家间的交往互动而产生的，是国家身份的折射，是国家间达成共有知识后形成，表现为国际受众心中概括性的评价和印象。前文归纳演绎出建构主义理论下国家形象的建构机制，即"信息传播—共有知识—国家形象"。另外，根据认知透镜模型，国家形象的认知主体是国际公众，认识客体是国家的客观事实，通过一系列传播渠道形成了对国家的重构。将国家形象的建构机制与"透视模型"相结合，再将国家形象认知心理作用融入此图中，便构成了完整的国家形象建构机制，如下图：

---

① 王钰. 权力与声誉：对中国在美国国家形象及其构建的研究 [D]. 上海：复旦大学，2006.

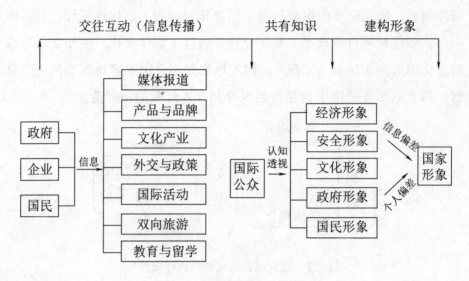

图 3.4　国家形象建构机制

如图所示，政府、企业、国民作为国家形象的塑造者，将塑造国家形象的有用信息通过七类主要渠道传播到国际公众的过程——"交往互动"。交往互动中逐渐形成国际社会共同对一国所具有的理解和期望即"共有知识"，具体表现为国际公众由于心理的认知透视将国际传播的信息进行筛选，初步形成经济、安全、文化、政府、国民五大类形象。由于个体认知偏差和信息传播偏差等原因，信息或丰富或删减，最终从可感知的五类形象建构成相对稳定而完整的国家形象。

事实上，国家形象建构机制可解决诸多问题。

首先，以建构主义理论为指导，推演出国家形象建构机制。建构主义视域下的国家形象观，明确了国家形象作为国际关系体系里国家身份的反映，是在国家间交往互动中通过共有知识的达成而建构出来的。国家间身份的确定代表着各自国家利益的划分，进而确定彼此心中的国家形象。建构主义理论中，认知不协调理论和"集体自尊"需求是国家形象建构的动因；"交往互动"和"共有知识"是建构国家形象的核心因素；"信息传播—共有知识—国家形象"是国家形象的建构机制。

其次，加入心理作用机制，追问国家形象的形成的内在机理。共有知识的生成是品牌要素作用于消费者的过程，当品牌要素以信息流的形式从企业传递到消费者后，国际消费者处理信息的内在过程便是"共有知识"的建立过程。信息如何筛选，如何留存，如何转换属于消费者的主观意识范畴。

再次，以信息为基本元素，追踪国家形象的塑造过程。品牌在建构国家形象的过程中，以信息流的形式从企业流动到消费者，不同的信息要素可以形成不同的品牌联想，每个联想的记忆节点又能够发挥不同作用刺激品牌形象的生成，进而影响国家形象的感知。

第二节 以品牌为中介的国家形象建构机制

品牌是企业与消费者通过沟通和互动达成的共识，它以产品为基础，以名称、标识等显性要素为载体，人格、文化等隐性要素为支撑，是消费者的一种整体认知与感受。品牌传播的本质是"信息重塑"，是信息 A 由企业传递给消费者，然后在消费者头脑中加工为信息 A' 的过程。国家形象的建构是借由品牌传递出的信息 A' 通过联想记忆网络联结到国家形象信息 B 的过程，这个过程的本质是"信息升华"。品牌信息经过重塑到升华，无论是客观的流动过程还是主观的提炼变化都能够体现品牌独有的气质和精神。

本书研究重点在于品牌对国家形象的建构，那么需要进一步回答几个核心问题：（1）国家间的交往互动如何通过品牌的信息传播完成；（2）何种品牌国际形象更能促进共有知识的生成；（3）品牌国际形象如何联想到国家形象；（4）联想过程需要哪些心理机制的作用。为了探究这些问题，本书在上一节国家形象建构机制的基础上，将"品牌"这条建构路径单独抽取出来作为研究框架（简），其国家形象建构机制如下图：

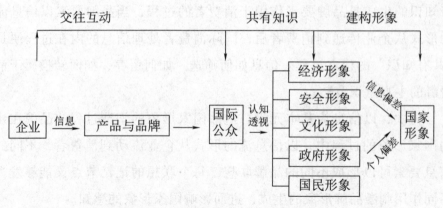

图3.5　品牌建构国家形象机制（简）

在这一整个复杂的建构过程中，根据马克思主义矛盾的普遍性和特殊性哲学原理，普遍性存在于特殊性之中，普遍性只是包括了同类个别事物的共同的、本质的东西，而没有包括个别事物的全部内容和特点。因此，完整的建构机制可以说明普遍性国家形象的建构，但是缺少了品牌区别其他认知渠道的特殊性。于是，本节将在初步的研究框架的基础上，融入品牌的独特内涵和作用机理，完善品牌建构国家形象的作用机制。

如前文研究，建构主义视域下国际关系体系中国家间的交往互动是通过信息传播过程实现的。在这个过程中，人们通过交换信息建立关系，形成共有知识，完成自我信息的补充、强化和改变，最终形成国家形象的塑造。品牌是信息传播的重要途径，前文总结的五类品牌构成要素，都可以成为企业传播出去的信息。这些信息从企业到消费者经过选择后的信息由于受到各种形式的干扰消散了一部分，最终能够到达消费者的信息是有限的。这些有限的信息通过消费者的品牌联想记忆网络，形成品牌形象；又根据人类联想记忆理论和适应性网络模型，信息从品牌国际形象幻化成建构成国家形象，即从国际品牌形象到五大类直观形象；而后五类形象通过晕轮效应和涵化效应等影响，最终形成一个总体的概括性的国家形象。至此，借由品牌为中介的国家形象的建构过程便完成了。在这一整套的信息流动过程中，还会有很多信息回流反馈和外界信息的加入和干扰，共同推动着建构过程不断发展变化。

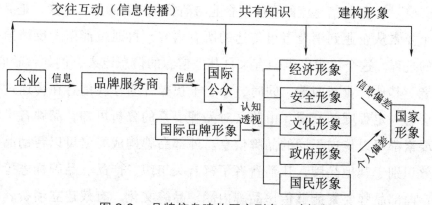

图 3.6 品牌信息建构国家形象运动机制

一、交往互动，品牌信息跨国流动

国家形象不是客观固有的，而是在国际关系体系中通过国家之间的交往互动而产生的，是国家身份的折射，是与国际受众达成共有知识后形成的概括性的评价和印象。在建构主义的观照下，国家形象的建构过程可以概括为：交往互动—共有知识—国家形象。从传播学的角度来看，传播的实质就是以符号和媒介为载体而交流信息的一种社会互动过程。交往互动即信息传播。在这个过程中，人们通过交换信息建立关系，形成共有知识，完成自我信息的补充、强化和改变。

（一）品牌要素汇成国际化信息流

消费者每天要面对成千上万的信息，每个接触点所获得的信息主要源于企业。在信息传播的过程中，企业需要考虑到各利益相关者，如股东、顾客、政府、员工等，而这其中消费者无疑是非常重要的传播对象。企业对消费者的信息传递需要结合国际环境、营销目标、消费者个性等因素，当信息经过消费者的理解后，又会通过一定渠道反馈给企业，从而形成一个循环往复的信息流动的动态过程。借用罗伯特·西斯（RobrtHeath）的"信息流"概念，本章将通过"品牌信息流"

概念研究品牌信息的流通机制。罗伯特·西斯（2004）在其《危机管理》一书中指出"信息流是指两个或更多的发送者与接受者之间的信息交换"[①]。品牌信息流的本质即企业与消费者之间的信息交换，是品牌各个要素从企业到消费者可传达的所有内容，再通过消费者反馈给企业的过程。这个过程中也会有来自其他信源的信息流入，例如：政府、学者、其他行业新闻等。同时，由于干扰噪音的存在信息在传递过程还会有一定程度的衰减。由前文对品牌要素的分析可知，品牌各个构成要素都可以传递不同的品牌信息。外部品牌构成要素可以帮助品牌有效识别于其他品牌，让消费者了解有关组织、产品、品牌标志等信息；内部品牌要素能够传递品牌内涵、品牌文化，有效建立消费者的情感联系。而这个过程中，各个要素合成一股品牌信息流，通过多个环节多种渠道多种方式而流通。

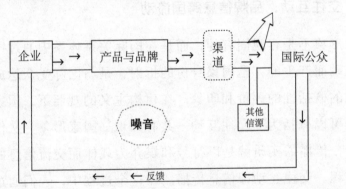

图 3.7　品牌信息流流动机制

品牌在建构国家形象的过程中，各个构成要素可以形成不同的品牌联想，每个联想的记忆节点又能够发挥不同作用刺激品牌形象的生成，进而影响国家形象的感知。品牌建构国家形象要通过品牌的国际化传播，才能在国际消费者心理产生联想。这里需要区分关于国际化（Internationalization）和全球化（Globalization）两者的含义。国际化是指跨越地区、跨越国别的信息流动，而全球化则强调覆盖范围是世

---

① 罗伯特·西斯. 危机管理 [M]. 北京：中信出版社，2004.

界的各个角落。而国际化和本土化的区别在于消费者受到的一国的政治、经济、文化发展的审美情趣和价值标准不同，企业需要根据国际市场的不同需求，找准品牌的核心竞争力，调整营销策略制定品牌信息流的内容，更有针对性地将品牌传播到国际市场中。本书所论述的品牌传播并没有指定传播范围的大小，哪怕是指是一国跨越到另一国都可以形成异国消费者通过品牌对国家形象的感知和评价，因此，本书采用国际化界定品牌信息流的流动。

（二）消费者解读品牌核心精神

根据斯图亚特·霍尔（Stuart Hall）的编码—解码理论，"意义生产依靠于诠释的实践，而诠释又靠我们积极使用符码将事物编入符码（编码的过程）；以及靠另一端的人们对意义进行翻译或解码来维持"[①]。品牌信息的传播过程虽然是有具体含义的信息，但是仍然属于通过一定的符号载体进行意义传递的过程，即对品牌构成要素中将由企业发起的要素进行编码。企业发起的编码主要属于组织要素，包括组织特性、企业导向、企业定位、研发能力等，以及产品要素、品牌核心要素中部分企业可以编码的要素，如品牌名称、产品类别、产品属性等，这些要素组成了决定品牌个性和品牌精神的根本要素。在当今的信息社会中，消费者可接触到的信息浩如烟海，媒介的使用方式越来越碎片化，信息的有效传达已经比过去加大了难度。在整个流通过程中，一方面有其他信源，如政府、学界、其他行业的信息流入，另一方面也会受到来自渠道、竞争对手等方面的干扰噪音。在企业对品牌信息流编码时，需要做到企业发出的品牌信息要保持内在一致性，紧扣品牌的核心要素，围绕品牌文化而展开。

广告公司、公关公司或者企业的品牌管理部门通过广告、活动等营销手段将品牌信息编码成容易被消费者感知和记忆的信息流，再通过多种传播工具的传递，向目标受众流动。消费者通过一定的信息处

---

① 伍海英."编码—解码"理论在跨文化传播中的应用与发展 [J]. 新闻与传播研究，2010（1）：4–5.

理过程将各类品牌构成要素信息汇聚形成相对概括的品牌形象。品牌构成元素中的品牌核心元素、产品元素、组织元素等在这一阶段获得了进一步的调整和明确。需要注意的是，品牌国际化传播的目的是促进国际消费者在交往互动中形成共有知识，品牌价值的编码要符合国际价值观。无论是采取标准化策略还是本土化策略，都应该保持主流价值观的正确导向，贴近消费者认可的价值判断。这个阶段干扰信息则更多地来自竞争对手的强势信息，如产品的同质化严重，竞争对手采用大量的宣传广告抢夺消费者市场；或来自那些对本品牌的不利信息，如恶性事件的放大、甚至扭曲事实的污蔑等。因此，品牌服务商无论是广告公司、公关公司或者是企业自身的品牌部门都需要提升相应的编码能力，能否找到跨国公司与国际消费者共通的意义空间，是保证信息有效传达的关键。

（三）品牌接触点承担重要作用

品牌信息流的流动，离不开传播渠道的作用。渠道的选择可能会带来信息的增加，也会带来消减。能否将信息有效传达，很大程度上取决于渠道本身的性质。传播渠道是企业发布的信息流动的路径，而认知渠道更侧重于消费者接收到信息的方式，认知渠道比传播渠道涵盖的范围更加广泛。例如，消费者通过广告、口碑等传播渠道可以得到品牌信息，进而形成对国家形象的认知。但产品体验不是传播渠道，却是强化或补充国家形象认知的一种更为直接的认知渠道。基于以上思考，引入品牌接触点的概念作为本书对认知渠道的分析。

舒尔茨和巴恩斯（Schultz，Bames）将品牌接触点定义为，无论何时何地，现有顾客和潜在顾客对品牌形象或者可传递信息的体验[①]。郑新安（2006）提出，品牌接触点可以分为不同的类别。按照消费者认识品牌到最终接受品牌的情感过程可以将品牌接触点划分为三个层次。第一层次是消费者并不能接触到产品，而是通过看或者听而感知

---

① 罗选荣，韩顺平. 基于顾客体验的服务品牌接触点管理 [J]. 技术经济与管理研究，2013（8）：69–73.

到的品牌的虚幻景象。这个层次主要是企业借由传播手段发布出的相对美化的信息，让消费者对产品或服务产生想象和期待。这里企业传播品牌信息的渠道可以分为三类，一是企业品牌的实体，即企业的店铺、装修、人员等；二是品牌传播的媒体渠道，如传统媒体、网络媒体等；三是品牌营销渠道，如营销活动、VIP 酒会等。第二个层次是消费者对产品的实质接触阶段。通过产品的真实接触，消费者可能会得到不同程度上的满足，也可能失望。为了能够获得最终购买，产品需要尽量贴近营销信息的描述。第三个层次是消费者产生品牌联想甚至品牌忠诚的阶段。通过多次的消费体验和产品接触，如果产品与当初的"美化"内容相差不大，消费者就会产生一定感情，并给出高于产品或服务客观事实的评价[1]。消费者接触品牌三个层次之间的关系是由表及里、由浅入深，从这个角度分析品牌信息流的认知入口，有利于我们更清楚地理解品牌国际形象的管理过程和操作重点。

二、知识共有，消费者决定最终成像

共有知识的生成是品牌要素作用于消费者的过程，当品牌要素以信息流的形式从企业传递到消费者后，国际消费者处理信息的内在过程便是"共有知识"的建立过程。信息如何筛选、如何留存、如何转换，属于消费者的主观意识范畴，下文将借助心理学、社会学、传播学等学科的相关知识深入研究。首先我们需要了解消费者如何接收信息即消费者的信息处理方式。随着信息技术的飞快发展，信息量不断增加，信息获得渠道日益丰富，信息传播速度逐步加快，消费者每天接触到铺天盖地的信息，同时能够有效接收和处理信息的时间也变得浅层和碎片。传播学者发现受众在接收信息时有很强的选择性，其处理信息的过程被称作受众选择"3S"理论，即选择性注意、选择性理解、选择性记忆。

---

① 吕荣胜，拓晓瑞. 品牌接触点战略管理研究 [J]. 河北科技大学学报（社会科学版），2008（3）：22–26.

选择性注意（Selective Attention）是指人们在接收信息时，虽然可以受到很多方面的刺激，但是并不能接收到所有信息，只能有选择地注意到一部分[①]。这一部分信息的选择一方面由消费者自身的兴趣、性格、需求等决定，另一方面受到信息本身的吸引力的影响。例如，信息的结构性信息是否醒目，包括信息刺激的强度、对比度、重复率和新鲜度[②]。广告的字体大小、颜色是否鲜艳、夸张的动作等都是增加刺激的强度的方法。重复率可以增加记忆的可能性，但是它与新鲜度需要找准合适的尺度，才能达到最好的效果。

选择性理解（Selective Understanding）是指不同的消费者对同一信息的理解会根据需求、态度和情绪的不同而由不同的解读。解读可分为增值解读、减值解读和异质解读。增值解读即消费者收取到品牌信息的基础上增加了信息理解；减值解读即消费者仅仅理解了品牌信息中的某个部分；异质解读即消费者对品牌信息的理解与品牌传递的意义不一致。出现异质解读的原因可能是传播渠道对信息传递过程的消减作用，也可能是消费者自身的原因。在理解这个环节里，消费者对接收到的信息有两种处理方法，一种是对待"短平快"的信息会做出及时处理，如超市的促销信息，消费者不需要动用过多的信息调配就可以做出下一步决策；另一种处理方式就是将理解的信息进行储存，用于长时记忆，如宣传品牌理念的广告，会在较长时间后在消费者的信息存储中被激活而产生作用。

选择性记忆（Selective Memory）所谓记忆，指人脑对经历过的事件、活动的反映和保持。人们倾向于巩固原有的知识结构，如果新信息能够加强已有的记忆网络，那么它很容易被留存下来；如果新信息与原有信息相互矛盾，那么这些新信息很难被有效保存。唐·舒尔茨在《新整合营销》一书中写到，通常来说新的产品和服务并不会直

---

① 薛瑞芳. 基于受众选择 3S 理论的博物馆公共价值的发挥 [J]. 文博, 2016（1）: 90-92.

② 王悦. 受众心理对大众传媒的影响: 受众选择心理在大众传媒中的定位 [J]. 西安航空技术高等专科学校学报, 2010（11）: 90-93.

接取代消费者心中原有的旧信息，而是通过与旧信息的结合而进入到消费者信息的更新环节中，新旧信息的一致性是保证传播有效性的关键[1]。至此，消费者通过选择性注意—选择性理解—选择性记忆处理信息，品牌信息的有效传递需要结合这三个环节而进行编码和传播。例如，根据结构性信息和功能性信息的特性而制定不同的广告标识；通过选择优势渠道降低异质解读的风险；利用媒介组合的搭配促进品牌信息的记忆等。

图 3.8 消费者品牌信息流处理过程

图中显示了品牌信息流到达消费者的信息处理过程，每一次选择环节都会有一部分信息流失，而三次选择后留存下的信息则能够形成记忆。形成记忆的信息能够更加有效地指导行为的产生，也能够更容易地引起对品牌来源国的联想和感知。下文将信息转换为国家形象的过程，按照"品牌国际形象—国家具体形象—国家形象"三层解码顺序逐一探讨。

（一）品牌国际形象产生的心理过程

品牌要素经过了三次信息选择后，最终被选择的品牌要素信息在消费者心中形成记忆。在消费者结合自身经验和其他信源信息，与原有品牌节点建立联结链的过程中，品牌联想就此产生。贝尔（1992）、科勒（1993）与大卫·艾克（1996）都认为品牌形象就是一系列的品牌联想，是大脑记忆网络中的品牌联想群构成的综合形象。这种综合形象由与功能相关的客观要素，和非相关的心理要素共同组成[2]，也就是涵盖了"硬性"和"软性"两种属性，其中硬性是指有形的或功能性属性，软性则是一种情感性属性。概括地说，贝尔认为品牌形象是

---

① 唐·舒尔茨.新整合营销 [M].北京：中国水利水电出版社，2004：49–51.

② 秦辉，邱宏亮，吴礼助.品牌形象的构成研究 [J].现代经济，2009（8）：100–102.

消费者心中产生的品牌联想的综合体，是品牌构成要素在人们心目中的综合反应。

那么如何从品牌要素流通的角度把握品牌形象的塑造呢？认知一贯性原则指导我们，消费者不会轻易改变原有观念，编码之前要充分了解消费者的价值观、知识结构、人文情怀，在他们原有的心智网络的基础上增添新的编码信息，保证信息的有效解码。品牌形象的评估可以从企业内部角度、金融市场角度和消费者角度，从不同的角度做的评估有不同的价值。但是对一个以市场为导向的企业来说，基于顾客视角的品牌形象是最重要的。而且相比品牌信息流的发出是企业和品牌服务者所执行，品牌形象则是针对接受者方面来讲的，它是公众通过产品、服务和传播活动所发出的所有信号来诠释品牌的方式，是一个接受性的概念，反映了消费者在品牌事实上整体感知[①]。在竞争日益激烈的国际市场，企业的竞争优势取决于消费者心智的占有，能够在消费者心中产生强有力的品牌联想，是企业获得持续性发展的重要根源。从品牌形象的接收者角度即顾客视角出发，每个目标市场的消费者自身都包含着民族气质。时代烙印和个性主张，企业和品牌服务商都需要按照消费者的心理图式进行编码。

在对品牌形象模型的具体阐述时，国内外学者一般都认为品牌形象由多维度构成[②]。派克（Park，1986）从战略性的品牌概念—形象管理框架，品牌形象可以包括功能形象（functional）、象征形象（symbolic）和体验形象（experiential）[③]。科勒（1993）从建立基于顾客的品牌资产的角度把品牌知识分为品牌知晓度和品牌联想两个部分。他认为品牌联想从总体上体现了品牌形象，包括产品特性、利

① 郑少华.品牌形象的构成维度研究 [J].产业与科技论坛，2008（7）：199-201.

② 秦辉，邱宏亮，吴礼助.品牌形象的构成研究 [J].现代经济，2009（8）：100-102.

③ Park, C. Whan, Bernand J. Janorski, Deborah J. MacInnis. Strategic Brand Concept–Image Management[M]. Journal of Marketing, 1986,50：135-145.

益和态度三个维度[①]。贝尔（1993）将品牌形象分为公司形象、使用者形象和产品 / 服务自身形象三个子形象，将他的品牌形象模型与前文所列的品牌构成要素进行比对可知，品牌的产品要素可生成品牌的产品 / 服务形象，组织要素可生成公司形象，消费者要素可生成使用者形象，三种形象共同作用而形成完整的品牌形象。大卫·艾克（1995）提出品牌资产模型，认为品牌形象由品牌联想和品牌的品质感知组成，是品牌资产的一个组成部分，也是品牌资产的重要驱动因素[②]。克里斯南（Krishnan，1996）从联想网络记忆理论出发，克里斯南认为应从联想的数量、联想的偏好、联想的独特性和联想的来源四个方面来考察品牌联想[③]。罗子明（2001）试图对品牌形象的构成进行标准化，将品牌形象划分为品牌联想、品牌认知、品牌价值、品牌忠诚和产品属性认知等五个方面，并将品牌形象五个构成面细分为26个具体的测量项目[④]。范秀成和陈洁（2002）基于品牌识别和品牌关系的角度出发，品牌形象分为产品维度、企业维度、人性化维度和符号维度四个维度[⑤]。秦辉等（2009）通过实证检验提出了品牌形象的五维度模型，包括产品表现、服务表现、市场表现、公司形象、品牌个性[⑥]。杨楠（2015）在《品牌国际化形象对消费者行为的影响》一文中基于对消费者问卷调查的实证分析，论证出品牌国际化形象的七个维度，即产品形象、品牌个性、品牌文化、市场形象、企业形象、消费者形象和原产地形象，并通过构建结构方程模型研究了品牌国际

① Keller, Kevin Lane. Strategic Brand Management：Building, Measuring, and Managing Brand Equity[M]. Prentice–Hall, 1998.

② 江明华，曹鸿星 . 品牌形象模型的比较研究 [J]. 北京大学学报（哲学社会科学版），2003（3）:107-115.

③ KRISHNAN, H. S. , Characteristics of Memory Associations：A Consumer –Based Brand Equity Perspective[J] .International Journal of Research in Marketing. 13, 1996：385–409.

④ 罗子明 . 品牌形象的构成及其测量 [J]. 北京工商大学学报（社会科学版），2001（4）.

⑤ 范秀成，陈洁 . 品牌形象综合测评模型及其应用 [J]. 南开学报（哲学社会科学版），2002（3）.

⑥ 秦辉，邱宏亮，吴礼助 . 品牌形象的构成研究 [J]. 现代经济，2009（8）：100-102.

化形象对消费者行为的影响[①]。

表3.2 品牌形象的构成维度

提出者	模型性质	品牌形象的维度
派克（1986）	品牌联想	功能性形象 象征性形象 体验性形象
科勒（1993）	品牌联想	属性（产品相关、非产品相关） 利益（功能、情感、象征利益） 态度
贝尔（1993）	品牌联想	1.公司形象 2.产品及服务形象 3.使用者形象
大卫·艾克 （1995）	品牌资产	1.品牌联想 2.品牌的品质感知
克里斯南 （1996）	品牌联想	1.品牌联想的数量 2.联想的净值 3.联想的独特性 4.联想的来源
罗子明（2001）	品牌资产	品牌认知 产品属性认知 品牌联想 品牌价值 品牌忠诚
范秀成和陈洁（2002）	品牌识别	产品维度 企业维度 人性化维度 符号维度

---

① 杨楠.品牌国际化形象对消费者行为的影响[J].经济体制改革，2015：126–132.

提出者	模型性质	品牌形象的维度
秦 辉等（2009）	品牌联想	产品表现 服务表现 市场表现 公司形象 品牌个性
杨楠（2015）	品牌国际形象	产品形象 品牌个性 品牌文化 市场形象 企业形象 消费者形象 原产地形象

这些模型从不同的角度阐述了品牌形象的内涵，并提出了一些有价值的评价指标。派克（1986）、科勒（1993）、贝尔（1993）和克里斯南（1996）是从品牌联想的角度阐述品牌形象，反映了消费者对品牌的感知过程，强调品牌联想在形成品牌形象时发挥的核心作用。以大卫·艾克（1995）、罗子明（2001）为代表的学者倾向从品牌资产构成的角度搭建模型，阐明品牌形象与品牌资产的关系。从顾客感知角度看，品牌形象内涵相当丰富，需要从多个层面才能得到完整的反映，考虑到人类记忆联想网络的复杂性，本书借鉴维度较为丰富的杨楠（2015）对品牌国际形象的测量指标，研究品牌形象与国家形象的联想关系。研究表明，品牌国际化形象是产品形象、企业形象、消费者形象、市场表现与原产地形象相统一的结果，品牌国际化形象往往代表着优质的产品与服务，还代表着勇于创新的品牌个性以及时尚的品牌文化。综上本书选择杨楠对品牌形象的划分标准，由于本书探讨的品牌形象与国家形象的关系，因此将第七项原产地形象摘除。

（二）品牌形象关联国家形象的认知机理

根据人类联想记忆理论（human associative memory，HAM）对人类心理本质和活动规律进行的解释[①]，人类的记忆是由一些节点（node）和联结链（connecting link）组成的庞大复杂的信息网络，节点内存储一定数量的信息，联结链则代表信息之间是否关联及其关联强度。在整个信息网络中，当某个节点的刺激达到一定强度时，便能够激活另一个节点，如此就是一次简单的记忆联想的活动过程。品牌是一个由品牌标识、名称、广告、产品等各类品牌要素组成的巨大的信息网络，消费者通过直接或间接的品牌接触可以不断刺激和更新这个记忆网络。当品牌信息节点受到强烈的刺激后，可以激活大脑中与某个国家相关的信息节点，进而完成一次由品牌信息联想到国家形象的过程。可相关的节点越多，从品牌信息到国家信息的联结链越丰富，由品牌建构的国家形象越完整。例如，消费者可以通过产品质量的好坏感知来源国的现代化程度，通过售后服务的优劣感受到一国的文明发展程度，通过品牌文化的宣传感受来源国的民族精神等。在消费者记忆网络里，能够构成品牌的信息来源错综复杂，而这些信息储存成记忆后可激活扩散到国家形象的联结不可计数。为了更加直观地了解品牌形象与国家形象的联想机制，获得具有实践意义的研究结论，本节以品牌国际形象七个维度为刺激信息、五类国家形象为激活信息，探讨从品牌认知到国家形象认知的联结过程。

本节在人类联想记忆理论的基础上，借助认知心理学领域的激活扩散模型（Spreading Activation Model）深入了解联想记忆的作用机制，发掘品牌建构国家形象的联结过程。约翰·W.布雷斯福、理查德·希弗里和理查德·C.阿特金森（J.W.Brelsford，R.M.Shiffrin，R.C.Atkinson，1968）[②]指出通过感觉记忆和短时记忆形成的长时记忆

---

① 吴新辉，袁登华.消费者品牌联想的建立与测量[J].心理科学进展，2009,17（2）：451-459.

② Brelsfordj w，Shiffrin r m，Atkinson r c. Multiple reinforcement effects in short-termmemory［J］.British journal of mathematical and statistical psychology, 1968,21（1）：1-19.

是人们进一步认知世界的基础，这些记忆构成了人们的认知结构①。人类从日常的生活中获得信息，将这些信息经过大脑处理后存入认知单元中②，这些认知单元以语义网络的形式组织起来形成一个复杂的联系网络，就储存在人类的长时记忆中。为了挖掘特定记忆分布在概念空间里的潜在认知结构③，科林斯和罗夫托斯（Collins，Loftus，1973）④提出了激活扩散模型（Spreading Activation model），成为关于人类如何在记忆中提取有用信息最有影响力的理论之一。该模型假定，当一个概念被加工或受到刺激（这个刺激可能是人对某种知识、某种信息的需求），那么激活程序便被启动，同时也将激活与之相连的连线，并扩散至连线上另一端的概念，以此循环到丧失激活能量值为止⑤。

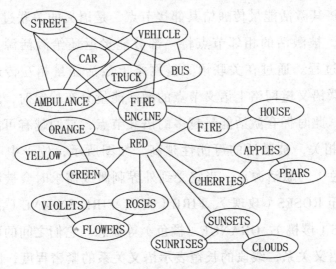

图 3.9　激活扩散理论模型⑥

---

① 王忠义，谭旭，黄京. 基于激活扩散理论的数字图书馆用户认知结构挖掘 [J]. 图书情报工作，2017（13）：117–125.

② 丁锦红，郭春彦. 工作记忆的脑机制研究 [J]. 心理科学，2001，24（5）：583–585.

③ 索尔所. 认知心理学 [M]. 邵志芳，译. 上海：上海人民出版社，2008：240–245.

④ Loftus E F. Activation of semantic memory [J]. The American Journal of Psychology, 1973: 331–337.

⑤ 王忠义，谭旭，黄京. 基于激活扩散理论的数字图书馆用户认知结构挖掘 [J]. 图书情报工作，2017（13）：117–125.

⑥ COLLINSAM,LOFTUSEF. A spreading activation theory of semantic processing [J].Psychological review1975,82（6）：407 — 428.

　　科林斯和罗夫托斯（1975）认为联想记忆帮助人类从长时记忆中提取感兴趣的语义信息[①]，人类记忆激活扩散模型说明了从语义线索的激活扩散到联结相关语义信息的过程[②]，即纯粹语义激活扩散过程（Pure Semantic Spreading Activation Process）[③]。语义节点 RED（红色）作为用户语义需求节点成为语义激活扩散的激活源节点（Source Node），将其激活能量（Activation Energy）传递给它的邻接节点。关联权重越强的节点，其在激活扩散过程中获得的激活能量越多，越有可能与用户语义需求相关。通过激活能量在关联语义链网络上传递迭代执行，每次激活能量传递迭代过程可以分为扩散阶段（Spreading Phase）和共振阶段（Reverberation Phase）[④]。语义扩散阶段，激活的语义节点将其激活能量传递给其邻接节点，是语义的关联过程；语义共振阶段，被激活的相邻节点将一部分能量返还给激活源点，是语义加强的过程。通过在关联语义链网络上激活能量相互传递迭代执行，当关联语义链网络上语义节点的激活能量分布稳定时，激活扩散迭代终止。此时拥有激活能量越多的语义节点，它们越有可能与用户语义需求相关，被激活的可能性越高。如图所示，位于中心位置的RED（红色）为激活源点，当它受到外界刺激或需求时会被激活，激活后扩散至 ROSES（玫瑰）、FIRE（火）、FIRE ENGINE（消防车）、CHERRIES（樱桃）、ORANGE（橘色）等概念。它们之间的联结链代表一定的语义关系，线段的长短表示语义关系的紧密程度，即语义距离。例如，RED（红色）到 SUNSETS（日落）的线段长，则它们的语义关系疏远，被激活的可能性低；RED（红色）到 FIRE ENGINE（消

---

① COLLINS A M, LOFTUS E F. A spreading-activation theory of semantic processing.[J].Psychological review, 1975, 82（6）: 407.

② SOLSO R L, MACLIN O H, MACLIN M K. Cognitive Psychology: Pearson New International Edition[M] Pearson Higher Ed, 2013.

③ CRESTANI F. Application of spreading activation techniques in information retrieval[J]. Ar-tificial Intelligence Review, 1997, 11（6）: 453-482.

④ 刘洋. 面向舆情文本的事件语义聚集融合与激活扩散方法及其应用研究 [D]. 上海：上海大学, 2016: 50.

防车）的线段短，则它们的语义关系紧密，被激活的可能性高。综上可知，激活扩散模型正是从人类认知的角度出发，来探求人的实际认知情况，以识别出以内隐方式存在于人头脑中的认知结构[①]。本书借由激活扩散理论分析消费者从品牌认知联想国家形象认知的内隐结构，利用激活扩散理论中语义激活规则、语义距离规则和终止规则判断消费者的认知实践行为，搭建"品牌形象—国家形象"各信息节点的语义网络结构。

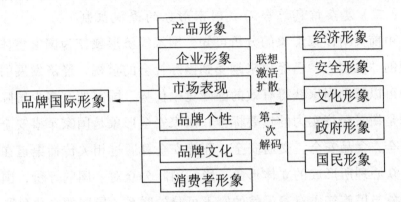

图 3.10   品牌形象对国家形象认知关联

由前文分析可知，产品形象代表了消费者心中的品牌感知质量，是赢得国际市场的根本保证。企业形象是人们通过企业的各种标志（如产品特点、营销策略、人员风格等）而形成的对企业的总体印象，是企业精神文化的一种外在表现形式[②]。国际品牌的企业形象构成了竞争本土品牌的优势，消费者会因此产生品牌共鸣从而产生顾客忠诚度。从市场表现来看，国际品牌通过占有较大的市场占有率而成为行业领导者，追求社会一致性是国际品牌得到国际消费者青睐的关键。品牌个性是指品牌的人性化形象，更容易获得与消费者的情感共鸣，促进企业与顾客之间的良好沟通。品牌文化是指该品牌的品牌形象被赋予某种特定的文化内涵、情感归宿、个性形象和价值理念的总和[③]，文化

---

① 王忠义,谭旭,黄京.基于激活扩散理论的数字图书馆用户认知结构挖掘 [J].图书情报工作,2017（13）：117–125.

② 李宏莲,成伟.论企业形象的塑造 [J].纺织器材,2011（9）：54–57.

③ 李彦亮,品牌文化营销探析 [J].金融与经济,2006（4）：56–58.

特质在品牌中的沉淀和品牌经营活动中的一切文化现象——原产地形象，是影响国际消费者购买行为的重要因素，随着消费者对来自某特定国家或地区产品熟悉程度的增加，晕轮效应、首因效应、品牌效应与总括效应会发生动态的变化[①]；刘欣然（2017）[②]、吴晓达（2018）[③]等学者都从文化的角度研究国际消费者的购买行为的影响，认为国际品牌的消费者应具有一定的文化包容心，拥有较高的社会声望。

（三）复杂信息综合而成国家形象的透视机制

由前文对国家形象的分析可知，国家经济形象作为国家整体经济实力的"软实力"已经越来越受到国际社会的重视，经济发展的创新能力可以帮助国家获得有效的国际竞争优势，国家拥有多少国际知名品牌是衡量经济实力的重要标准；国家安全形象是国家军事安全、经济安全、食品安全、交通安全、环境安全等通过相关传播渠道在国内外公众心理所形成的立体形象，影响国际公众对一国的评价，国家文化形象与民族气质有着天然的密不可分的联系，异国的文化色彩饱含神秘，国际公众对异国文化的好奇和兴趣是促进文化传播的不竭动力；政府形象是政府在作为行政客体的社会公众头脑中的有机反映，使社会公众对政府的执政理念、整体素质、执政能力、施政业绩等客观实在的总体印象和综合评价；而国民形象则是一国国民对另一国国民的印象、认识和了解，国民在社会政治、经济、文化等因素的引导下，通过个人内化为表现出来的相对稳定的品行特征。国家形象是多维度的。

我们知道，激活扩散模型中，扩散路径是构成认知网络结构的基础，通过路径的联结可以描述节点之间的相关性，通过路径长短可以揭示节点之间的相关程度。由语义距离规则可知，那些具有较强语义关系的节点，可以最先最快得到激活并得到较强的记忆联想。因此，要研究品牌国际形象的认知节点如何联结国家形象的认知节点，首先

[①] 田圣炳，原产地形象作用机制：一个动态的综合模型［J］.经济管理，2006（1）：44-47.

[②] 刘欣然.浅谈文化因素对国际消费者行为的影响［J］.纳税，2017（10）：139.

[③] 吴晓达.文化差异对国际营销的影响及对策［J］.北方经贸，2018（4）.

需要对品牌形象的语义和国家形象的语义进行相关性分析，其次对语义相关性的强弱进行判断。

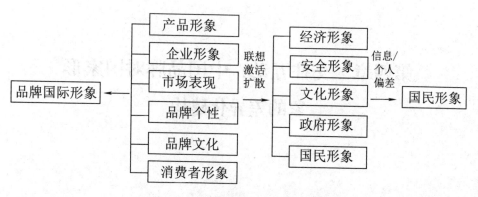

图 3.11　品牌建构国家形象认知机制

　　品牌建构国家形象是一个在消费者心中将品牌记忆联想为国家形象的内化过程。品牌自身要素、消费者个人因素、品牌与国家形象的相关性等都能够影响形成认知过程的结果。根据社会心理学家布伦斯维克（Brunswik）的"认知透镜模型"理论，国家形象的认知主体是国际公众，认知客体是国家客观事实，认知主体需要通过一定的媒介才能形成对客观事实的认知。由于介质和认知主体的个人经验的偏差，这种认知呈现一种透视状态，最终呈现的国家形象并不是国家客观现实的真实复制。品牌作为国际消费者认知国家形象的媒介，可以建构、改变、补充、强化其原有认知的国家形象。

第四章 交往互动：中国品牌对国家形象的差异化建构

国家形象不是客观固有的，而是在国际关系体系中通过国家之间的交往互动而产生的，是国家身份的折射，是与国际受众达成共有知识后形成的概括性的评价和印象。在建构主义的观照下，国家形象的建构过程可以概括为：交往互动—共有知识—国家形象。从传播学的角度来看，传播的实质就是以符号和媒介为载体而交流信息的一种社会互动过程，交往互动即信息传播。在这个传播过程中，品牌通过信息传递建构国家形象。

"一带一路"倡议实施至今，中国品牌在国际化道路上展现了不同的中国形象，身处不同品牌类别的不同品牌在建构中国形象的过程中发挥着各自的功能作用。"一带一路"倡议沿线国家中，中国品牌在制造业、建筑业、信息传输业、能源供给产业等基础建设和基本服务方面影响力最大。例如，"中国交建"及"中国铁建"等工程类品牌，在"一带一路"沿线国家建设着一个由铁路、公路、航空、航海、油气管道、输电线路和通信网络等组成的综合性立体互联互通网络，彰显了中国"有担当、有胸怀"的大国形象；阿里巴巴、京东集团、华为、联想等企业品牌已经将互联网和通讯产业塑造为我国的优势产业，在"一带一路"沿线国家打造着中国"科技领先、思想创新、品质精良"

的新形象。而文化品牌，作为国家软实力的重要媒介，在消费者生活的方方面面影响着他们对中国国家形象的认知，更能够流露一个国家深厚而包容的文化魅力。本章以品牌建构国家形象的认知机制为理论指导，研究在"一带一路"倡议下上述不同类型品牌在建构中国国家形象的实施现状。

第一节 研究方案设计

一、研究方法的选择

品牌作为输出国家形象的重要途径，如何科学有效地分类管理、制定相应的品牌国际化策略，是品牌发挥各自优势建构国家形象的前提。从品牌理论过去的研究成果看，品牌类别的划分有诸多标准。

表 4.1 代表性品牌分类标准

划分角度	学者	内容
从品牌建构的角度	汤姆·布拉凯特	在《品牌与品牌建构》一书中，将品牌分为企业品牌和服务品牌
从品牌战略设计模式角度	让·诺尔·卡菲勒	产品品牌、范围品牌、原品牌、系列品牌、企业赞助品牌、企业总品牌
从市场效用的角度	林·阿普萧	产品品牌、服务品牌、个人品牌、组织品牌、事件品牌和地理品牌
从行业类型的角度	克莱纳和迪尔洛夫	零售业、金融服务业、时尚、食品和饮料业、休闲与娱乐业、制造业、交通业、非营利、高技术、烟草和酒精业、服务业
从品牌发展的不同阶段	菲利普·科特勒	孕育期、幼稚期、成长期、成熟期、衰退期品牌

现状调查是针对调查对象的当前状况、特征及规律而展开的综合性的专门调查研究。由上表可知，对品牌不同价值特征的判断，是进行品牌分类的基础。品牌价值包含两个层次，一是依附于产品之上，具有识别功能的产品附加价值；二是基于消费者感知的社会价值实现的情感认同。从这两个层次来说，品牌的分类要以产品类别为基础，以消费者差异化需求为导向，即消费需求的差异化和消费者对不同类型产品需求的差异化的心理定式①，导致了品牌分类的不同。本章拟从中国品牌发现现状出发，从品牌分类的角度对中国品牌建构国家形象的特点、规律进行归纳与总结。在数据收集的方法上，本章采取二手数据为主、企业调研为辅的方法。

二、数据来源

在选取品牌样本的过程中，本研究根据国家信息中心"一带一路"大数据中心出版的《一带一路大数据报告（2017）》中的"一带一路"企业影响力评价报告，选取其中企业影响力前50名企业作为主要研究对象。该报告综合考虑企业性质、企业规模、参与程度等因素，最终确定包括跨国企业、《财富》世界500强榜单中的中国大陆企业以及重点民营企业在内的国内204家企业参与测评。利用互联网数据抓取和大数据挖掘等技术，对上述企业参与"一带一路"话题相关的160亿条进行提取和分析，得出了"一带一路"企业影响力榜单前50名企业，如下表：

表4.2 "一带一路"企业影响力前50名榜

1	国家电网公司	26	广东粤海控股集团有限公司
2	国家电力投资集团公司	27	河北津西钢铁集团
3	中国石油天然气集团公司	28	联想控股股份有限公司
4	中国石油化工集团公司	29	中天钢铁集团有限公司

① 刘强. 论品牌类型及其建构动因 [J]. 现代营销, 2010（12）：10-12.

5	阿里巴巴（中国）有限公司	30	河钢集团有限公司
6	中国铁道建筑总公司	31	北京汽车股份有限公司
7	中国中车股份有限公司	32	恒大集团
8	华为技术有限公司	33	华为技术有限公司
9	中国银行	34	海信集团有限公司
10	中国移动通信集团公司	35	万达集团
11	碧桂园控股有限公司	36	中国海洋石油总公司
12	北京建工集团有限责任公司	37	中国交通建设集团有限公司
13	北京首都创业集团有限公司	38	中国化工集团公司
14	腾讯控股有限公司	39	上海复星高科技（集团）有限公司
15	中国华电集团公司	40	中国建设银行
16	国泰人寿保险股份有限公司	41	上海建工集团股份有限公司
17	华侨城集团公司	42	三一集团
18	交通银行	43	广东省航运集团有限公司
19	中国电力建设集团有限公司	44	中国农业银行
20	光明食品（集团）有限公司	45	江西铜业集团公司
21	马钢（集团）控股有限公司	46	京东集团
22	海航集团	47	广州汽车集团股份有限公司
23	比亚迪股份有限公司	48	广州越秀集团有限公司
24	绿地控股集团股份有限公司	49	TCL 集团股份有限公司
25	美的集团股份有限公司	50	山东如意集团

资料来源：《一带一路大数据报告（2017）》

对上述 50 家企业进行数据收集的渠道主要包括国家信息中心主办

的"中国一带一路"官网、企业自身官网、各大媒体报道及多种权威机构的调查报告等，另外收集出50份各企业于2016年、2017年发布的企业相关年度报告（见附录）。此外文化类品牌资料主要源于文化部相关网站、各级艺术组织官网、各类报纸、杂志信息等，同时笔者走访多家艺术机构进行调研，如国家大剧院、国家话剧院、中国国家画院等，深入了解文化领域在"一带一路"倡议下的贡献和影响。以上信息前后历经一年的整理，共形成基础资料10余万字，为下文的研究提供了夯实的基础。

三、数据分析的逻辑起点

（一）三类品牌的划分依据

在借鉴多位学者对品牌分类的理论基础上，本书从建构国家形象的不同影响出发，对品牌按照基础建设领域、互联网IT业、文化产业进行品牌的划分。

首先，行业类别是本书划分品牌类别的基础标准。根据克莱纳（Stuart Crainer）和迪尔洛夫（Des Dearlove）按照行业类别划分，品牌可分为零售业、金融服务业、时尚、食品和饮料业、休闲与娱乐业、制造业、交通业、非营利、高技术、烟草和酒精业、服务业、人际交流、文化内容等各类不同的品牌类别。由于国家形象的多面性和复合性，社会大众对于国家形象的认知也会具有不同的角度的描述。各类品牌都能为社会大众反映出各个国家的客观情况，其中一些品牌信息内容会根据消费者个人的理解与编码，内化成为他们所理解的国家形象。

品牌可以根据反映国民经济内部的结构和发展状况进行划分，如中国国家统计局行业分类（GB/T4754-2017）。以"一带一路"企业影响力排名前50名企业的行业分布来看，共包括制造业，建筑业，金融业，信息传输、软件和信息技术服务业，房地产业，交通运输、仓储业、邮政业，采矿业，电力、热力、燃气及水生产和供应业，其他，共九个类别进入榜单。而基础设施建设包括交通、邮电、供水供电、商业服务、科研与技术服务、园林绿化、环境保护、文化教育、卫生事业等市政公用工程设施和公共生活服务设施等，是用于保证国家或地区社会经济活动正常进行的公共服务系统。入榜的九大行业基本覆盖了基础设施领域主要方面，这些行业在实施基础建设过程中，按照各自的行业标准和产品监督条例进行作业，同时，它们在国家形象建构上显示各自带有行业特色的作用，因此行业类别是本书划分品牌类别的基础标准。

其次，基建领域影响力最大，科技品牌紧随。从品牌所属行业来看，"一带一路"行业影响力靠前的主要集中在制造业、建筑业上，包括中国中车股份有限公司、中国化工集团公司、东风汽车集团股份有限公司、河钢集团有限公司等。它们组成"一带一路"影响力最大的基础设施领域占比76%，作为我国的支柱产业的产业集群向沿线国家展示我国的综合国力。因此，基建领域将作为第一大类别。相比过去几年的影响力排行，阿里巴巴（中国）有限公司、华为技术有限公司、腾讯控股有限公司、联想控股股份有限公司、京东集团这5家上榜企业，代表了互联网IT行业，占比达10%。这些科技类公司在近些年飞速发展，向世界展示着"中国创造""中国品牌"的魅力，逐步成为享誉世界的优势产业。故而科技领域将作为第二大类别。

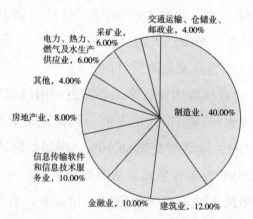

图 4.1 "一带一路"企业影响力排名前50名企业的行业分布

资料来源：《一带一路大数据报告（2017）》

再次，文化是贴近消费者精神需求的重要途径。消费者对不同品牌类别的依赖程度不同，这是由消费者的不同需求所决定的。马斯洛的层次需要理论对本书的品牌分类具有一定的启发性。马斯洛需要层级理论将人的需要从低到高分为：生理需要、安全需要、归属和爱的需要、尊重的需要、自我实现的需要，这个顺序按照人从生理、心理、到精神境界的递增逻辑。将此理论投射到消费者对不同品牌的需求时，可以转变为：给予生活保障的品牌、提升心理愉悦的品牌、促进思想交流的品牌三种层次。在这里，三种层次相应的品牌种类为基建类品牌、互联网 IT 业品牌、文化品牌。其中，基建类品牌能够给予消费者生活保障，事关消费者最切身需求，满足消费者对生存和生活的基础保障，因此安全、健康、稳妥是最主要的衡量标准。互联网 IT 业品牌能够给消费者提供便利、舒适的购物环境和方便、快捷的网络体验，在大大提升消费者生活质量的同时，满足消费者心理上的愉悦。除了物质上的需求，精神需求也是必不可少的。文化品牌，通过多种多样的文化形式带给消费者丰富的精神价值，满足消费者在物质产品之外的精神上的需求。

对外经济贸易大学协同创新中心基于物质文化视角针对"一带一路"沿线国家来华留学生做过一次对中国形象认知研究情况的调查。该调查覆盖"一带一路"沿线 16 个国家，最后得到 203 份有效问卷，主要包括饮食、景点、城市、人物、艺术、运动、医药、服饰、颜色、节日、动物，共 11 项物质文化测量目标。

"一带一路"建设沿线国家众多，各国之间国情差异很大，对中国的了解与熟悉程度也呈现出很大的不同。其认知渠道多样包括本国媒体 68.7%、人们之间的谈话和交流 66.50%、中国的媒体 56.40%、在中国学校的学习 52.70% 等多种形式。从调查结果看，每一项测量目标中排名前三位的是传统上代表中国的物质文化形象，另外也出现了一些能够体现当代中国精神的新物质文化形象，如景点中的鸟巢、城市中的三亚。对于沿线消费而言，文化是对中国建立认知的重要方式。

表 4.3 物质文化形象认可排列（从高到低）

饮食	北京烤鸭、筷子、绿茶、宫保鸡丁、米饭、火锅、白酒、豆腐、饺子、包子、面条、西红柿炒鸡蛋、大盘鸡
景点	长城、天安门、故宫、鸟巢、少林寺、秦始皇兵马俑、圆明园、天坛
服饰	旗袍、唐装、丝绸
颜色	红色。黄色
城市	北京、上海、广州、乌鲁木齐、三亚
艺术	功夫电影、书法、京剧、灯笼、剪纸、中国画、中国结、对联、青花瓷、园林
人物	成龙、毛泽东、李小龙、孔子、李连杰、姚明、孙悟空
传统节日	春节、中秋节、清明节
运动	武术、太极拳、乒乓球
动物	龙、熊猫、凤凰、老虎
医学	针灸、中药、按摩

资料来源：《"一带一路"沿线国家来华留学生中国形象认知研究》

（二）三类品牌差异化建构国家形象的意义

在"一带一路"倡议实施五年的进程中，经济发展是构建国家形象的重要内容，自主品牌走出去、资本合作、项目合作、国内经济区域的推动都有利于我国经济发展，也能够促进沿线国家经济的互补、转型、升级。中国经济在受益于"一带一路"倡议的同时，还可以弥补沿线国家的发展缺口，进而疏通整个亚欧经济共同体的交流。经济发展作为建构国家形象重要基础，是提升国家形象强劲的推动力，而品牌则是促进经济发展、影响国家形象塑造的重要力量。随着我国整体实力的发展，各行各业已经涌现出许多领跑世界的知名品牌。这些品牌身处各自领域发挥着不同的影响力，在国际化道路上为沿线国家的消费者展示了多个维度的国家形象，在推动中国国家形象建设中扮演着不同的角色。

首先，协助制定差异化品牌目标。根据国家信息中心"一带一路"大数据中心报告，2017年民营企业通过自身业务拓展以及品牌宣传力度，成为影响力最大的企业类型，中央企业和地方国有企业紧随其后。国家形象的塑造者有国家、企业和国民，从国家层面而言，在制定国家形象战略上，可以对不同类别品牌提出不同要求，发挥中央企业、国有企业、民营企业的不同力量。以中央企业和地方国有企业为主的基建领域从消费者最基本的生活需求出发，通过一系列大型工程建设从根本上解决消费者的生活保障问题，从数以亿计的金融投资到工程浩大的公路、铁路项目，打造出一个"负责任大国"形象；以民营企业为主的互联网IT业品牌，以快、准、先为特点，从网络铺设到电子产品，再到电子商务的发展，围绕消费者生活的方方面面，最能够感知到中国品牌"领先世界"的大国形象。多种企业类型混合的文化品牌通过精神生活的丰富和感染，从书画展览、文艺演出到文化衍生品，能够带给消费者含有中华文化的审美意境和优秀的国民气质。根据不同品牌类别的企业特点和产品优势，赋予不同的建构国家形象的目标和责任，更能够发挥各自优势，让中国国家形象丰富、多面。

其次，整合不同品牌的传播效果。人类通过与自然和社会环境的互动，不断认知、记忆各种事物，创建相关知识概念的意义结构，形成自己的认知结构。品牌的有效传播既可以通过广告、促销等方式达到短期的目标效果，给消费者留下宝贵的第一印象；也能够通过品牌理念、品牌文化的传达潜移默化地影响消费者的认知，让消费者深入地了解到国家形象。短期配合长期的传播效果可以有效地完善品牌信息的传递，帮助消费者多个层面地了解国家形象的内涵。

品牌传播的长期有效性是如何形成的呢？根据有效品牌传播的艾宾浩斯遗忘曲线，品牌传播具有长期有效性，在于前一期的品牌传播内容都含有能够在下一期传播活动中仍然存在并起作用的因素，即每一期品牌传播的内容都有一个不容易被消费者遗忘的共同要素①。这个共同要素一般来说，是含有品牌核心价值的品牌要素。谭勇（2008）在研究品牌传播长期有效性时指出，相对而言，能够长期深刻影响人们记忆信息的往往是紧密贴合同期社会文明和文化价值的信息集萃。因此，为了保证品牌核心价值被最大范围内的消费者接受，国际品牌要使其品牌内涵符合国际社会文化价值，并在长期传播中反复强调。由前文对国家形象的分析可知，国家形象作为国际关系体系里国家身份的反映，是国家间交往互动中通过共有知识的达成而建构出来的，而共有知识便是同期国际社会中各个国家共同具有的理解和期望，即符合国际认可的核心价值观。由此可以说，品牌价值观与国际价值观两者相互支持，国家形象需要建立在符合国际价值体系的交流共识之上。通过品牌传播效果的长期有效性，可以不断地加深国家形象的影响力，帮助消费者了解品牌来源国国家形象的文化和内涵。

再次，有效建立品牌间依托关系。衡量品牌国际化标准的要素有两个，一是查看海外商标的注册数量，二是看品牌在全球竞争中的地位和价值。有研究显示，2014年，中国在"一带一路"沿线国家的商标新注册量为16800项，位居世界第4位，与法国、瑞士等国持平。前3位为美国22100项、德国19500项、日本16900项。从这一数据来看，中国在"一带一路"沿线走出去的中国品牌已成规模，且处于世界前列。但是相较于各品牌机构的全球品牌价值评估中，中国品牌价值与贸易规模和经济总量极不相称。例如，在World Brand Lab（世界品牌实验室）公布的2017年全球品牌百强中，我国仅有华为与联想两家品牌上榜。这种严重的失衡，说明中国品牌在国际化道路上仍有非常大的发展潜力，也存在很多问题。"一带一路"为中国品牌走出去提供了历史性的平台，走出去的品牌规模已经有了，那么如何利用这个规模让中国品牌更大、更强呢？一个方法——让品牌之间建议依存关系，

---

① 谭勇.品牌传播长期有效性探析：基于艾宾浩斯遗忘曲线和品牌核心价值 [J].企业经济,2008(6)：33-37.

强强联合。

　　中国品牌可以根据类别的划分，建立竞合关系，还可以在类别之外寻找协作方式。例如，基建领域内电力、水力、铁路、公路等建设可以以当地为单位，建立合作联盟，共同为当地基础社会做贡献。在类别外，还可以通过与文化品牌合作，宣扬自身品牌文化，提升品牌知名度和美誉度。在依存关系的配合下，各品牌类别可以发挥各自建构国家形象的作用，让消费者对中国国家形象产生完整而全面的认知。

　　最后，通过多重品牌体验影响消费者心智。品牌体验是消费者根据个人经历和产品使用感受而获得的对品牌的认知，透过品牌体验而感知到的国家形象更加细致而真实。恩特·施密特（Schmitt）运用心理学的模组（modules）概念，将消费者体验形式视为"战略体验模块"，包含了感觉、情感、思维、行动及关联体验[①]。感觉体验的诉求目标是创造感官冲击，情感体验影响消费者的情绪和感情，思维体验则启发人的智力让人们获得认识和解决问题的体验，行动体验吸引人们主动参与品牌活动或购买，关联体验则通过对消费者价值观的契合建立牢固的品牌关系。每个品牌类别对消费者品牌体验的影响都是丰富而复杂的。例如，在基建领域，消费者通过对基础设施的使用和了解，建立行动体验和情感体验，可以感受到这些设施是否便利、工艺精良到什么程度、技术达到什么水平；互联网IT则通过网络购物、网络软件等方式增加用户的思维体验和行动体验，消费者可以感受到网络丰富了购物渠道、降低了与他人的沟通成本；文化品牌则更多地可以从感觉体验和情感体验出发，吸引消费者产品关联体验，其可以亲身感受到来自中国的文化气息，直观的感受文化产品的细节等。这些都可以帮助消费者对中国国家形象的认知更详细更多面。

---

① 伯恩德·施密特.体验营销[M].刘银娜，等，译.北京：清华大学出版社,2004.

第二节　基建领域彰显"负责任大国"形象

"一带一路"倡议中所提出的"基础设施"，既包括传统意义上的公路、铁路、港口、机场、电信、能源等部门，也在很大意义上强调了作为国家产业能力和参与国际分工之基础的重工业建设，以建筑业、制造业为代表基建领域品牌在前50名企业榜单中占比达76%，可见在"一带一路"倡议沿线国家的推进中影响力之大。

专家普遍认为，我国在外贸方面虽然长期处于顺差位置，但是出口结构并不合理，出口产品仍然停留在纺织品等低附加值产品上，中国制造在世界范围被贴上"低端""廉价"的标签。近年来，随着"一带一路"建设的大力推进，我国高精尖技术大量向海外输送。据国务院国有资产监督管理委员会数据显示，目前"一带一路"倡议已辐射47家中央企业参与、参股或者投资，与沿线国家的企业在基础设施领域合作项目共1676个，预计2020年境外营业额将占到中国央企总体营业额的20%以上。"中国正在从'世界工厂'向投资输出国转变。"经济学家宋清辉说，"以高铁、核电为代表的中国装备制造业以质优价廉的优势赢得国际认可，成为中国制造的新'名片'"[1]。

一、技术革新激生世界级龙头品牌

随着"一带一路"倡议的推进，越来越多的中国企业都选择"走出去"，自2004年起，中国铁道建筑总公司通过对高铁技术"引进、吸收、再创新"的发展，高铁通车、建设里程均达世界第一，高铁技术走在世界前列。以中欧班列为例，从2013年的80列增长到了2018年的4000列[2]。从运行范围来看，国内已经有35座城市，累计开行57条运行线路，连接欧洲12个国家、34个城市。中欧班列已成为"一带

① 鲁元珍，杨君.装备制造业"走出去"擦亮中国新"名片"[N].光明日报，2015-02-26（13）.
② 李果.21世纪经济报道[EB/OL].中国一带一路网，2017-12-28.

一路"重要品牌和标志性成果，中国与班列沿线国家经贸合作发展迅猛。在技术精良的前提下，中国高铁的建设成本仅为欧美发达国家的2/3，李克强总理评价"中国高铁技术先进、安全可靠、成本具有竞争优势"，作为世界高铁产业的"后起之秀"，中国高铁将成为世界铁路业的龙头品牌。

表 4.4　中国高铁在"一带一路"沿线国家重点项目

项目名称	动工时间	参与方
中巴铁路	2015 年	中国交建、中国铁建等
莫斯科—喀山高铁	2015 年	中国铁建、莫斯科国家运输工程勘测设计所、下诺夫哥罗德地铁设计股份公司等
雅万高铁	2016 年	中印合资建设：中铁、铁总、中车和印尼方
中老铁路	2016 年	中铁国际、水电国际、电建国际等
中泰铁路	2017 年	泰国交通部国道厅、中铁等
匈赛铁路	2017 年	中国交建、中铁国际、铁总国际、匈牙利国家铁路公司等联营体
马新高铁	2018 年	铁总、WSP 工程马来西亚公司、莫特麦克唐纳马来西亚公司及安永咨询服务公司等

中国交通建设股份有限公司旗下中国港湾工程有限责任公司承接乌克兰南方港疏浚项目，以惊人的速度和过硬的品质让世界看到当今中国的强大实力和拼搏精神。该项目前期因设备不齐全造成进度滞后，后期又因当地冬季恶劣气象条件造成工期紧张。为了能够顺利完成作业，施工人员根据现场工况积极创新，在确保安全和质量的前提下，将一次挖斗作业时间从2分6秒缩短至1分50秒，将每斗挖泥量从20m^{3}提高至36m^3。乌克兰南方港港务局局长马克西姆·史里科夫

（Maxim Srikov）在接受人民日报记者采访时表示，中国企业项目质量过硬，而且工程速度远超出预期，"项目越早完成越好，我们完全没料到中国企业的施工速度如此之快"。通过科学管理、创新工艺和丰富的海外施工经验，"中国速度"让国外业主赞叹不已。2018年1月，中国交通建设股份有限公司进一步投资10亿美元与斯里兰卡方共同开发科伦坡港口城项目，通过运用这笔巨额投资，中国将帮助斯里兰卡在当地建造3座60层的高楼等多项配套设施，力图以国际水准的建设加强中国在印度洋的影响力。

中国企业中国建筑旗下中国建筑一局（集团）有限公司（以下简称"中建一局"）承建莫斯科中国贸易中心项目。项目实施遭遇莫斯科125年来最冷冬季，恶劣天气导致无法施工。由于技术标准不同，项目还面临着诸多工程建设难题。在这样的困境下，中建一局创新多项工艺，通过搭设暖棚等冬施措施，在保证质量的前提下，实现了6.5~7天一层的工作进度，比当时承诺给业主的9天一层提前了2天。这一速度震惊了俄方，也震惊了当地的建筑企业，中国建筑在俄罗斯创造了"中国速度"。

二、工匠品质树立卓越品牌形象

良好的品牌形象依托于产品品质，产品品质是品牌成功的保障。产品的质量、性能、质量等直接反映出品牌在消费者心中所联想到的国家气质、国家实力和国家文化等方面。"一带一路"沿线国家，中国品牌以工匠精神完成高品质的服务和产品，是提升品牌形象的重要途径。国际石油工程公司2008年进入科威特市场，一直以来海湾国家青睐欧美制造石油装备，对中国产设备认可度不高。科威特石油公司（KOC）副总裁艾哈迈德（Saad Al-Azmi）说："当初中国石化前来竞标时，我们非常犹豫。后来中国石化用事实证明，中国团队不仅在项目报价上有优势，质量上有保障，而且能以西方公司没有的执行力，高效安全地实现双方目标。"自2009年第一个合同签订以来，国工科威特分公司严格执行业主要求，生产日费率达到99.88%的极限水平，在KOC所有承包商中排名第一。

凭借精益求精的工匠精神，中建一局完成了中共"六大"会址常设展览馆项目，并在2016年度莫斯科古建修复比赛中荣获了最佳施工组织奖和最佳项目奖，以及在2017年度荣获了"文化遗产修复及现代化使用"特别大奖。莫斯科中国贸易中心项目在200多家欧洲建筑企业的1000多个项目中脱颖而出，也在2017年8月获得了莫斯科市建筑行业质量最高奖即莫斯科市优质工程奖第一名。

三、文化适应重视细致品牌体验

品牌体验能够对国家形象带来更加细致而稳定的认知。通过媒体、他人口碑等渠道获得的品牌认知能够补充对未知品牌的了解，这些信息相对宏观而模糊。真正的品牌兴趣和好感建立在消费者直接的品牌体验过程中，当消费者和品牌真实地发生关联时，消费者在品牌体验过程中对国家形象的联想才是具体而稳定的。中国品牌走向"一带一路"沿线国家，首先要解决本土化策略中"文化折扣"的影响，进而制定良好的品牌策略以提升消费者的品牌体验。中国中车股份有限公司以"共商、共建、共享"为总目标，在"一带一路"建设过程中积极执行本土化战略，首要的品牌策略便是以文化适应为原则，重视品牌体验。以马来西亚为例，在中国中车提供的动车组上，需要考虑马来西亚当地的风俗习惯，以及当地的宗教信仰。因此，除了融合相应的文化要素之外，"我们还针对具体情况、具体线路，在车厢设计上，单独设计了女士专用车厢和祈祷室"，中国中车集团公司董事长刘化龙在国务院新闻办新闻发布厅举行新闻发布会时说，"这样给运营和乘客都带来了极大的方便，也很受当地人的欢迎"。

正如中国品牌碧桂园积极开展结合异国风情的特色传统节日活动。例如，借助泰国水灯节举办员工庆典，当地高管直接参与，积极促进碧桂园在当地的文化融合。又如，在印度由区域人力主导设立文化交流活动，鼓励中外员工相互交流。由于孔雀在印度有着至高无上的地位，因此这个活动被命名为"孔雀讲堂"。"孔雀讲堂"在每周五下午组织，员工可以自由分享个人工作专业知识和个人生活收获，这个活动在面对海外区域文化建设方面获得了宝贵经验。再如，在越南提出"越方员工碧桂园化，中方员工本土化"并举办"越南 yue 多彩"等活动，借用"碧桂园化"缓解中外文化的矛盾，避免海外员工的文化排斥，从侧面进行文化双向传播。通过上述一系列活动，碧桂园在"一带一路"沿线的本土化战略实施过程中，注重品牌文化的中外交融，从而带动相应海外项目的人文情怀，让当地员工和消费者通过碧桂园而感知到中国的国民素养和大国气质。

四、诚信守约的品牌理念透射民族精神

诚实守信是中华民族五千年历史承袭的民族精神，"人无信而不立，业无信而不兴"，中国品牌深知品质源于责任，诚信是立足之本。"一带一路"倡议覆盖范围大、国家多，签约订单数以万计，保质保量履行合同是中国品牌面临激烈的国际竞争的根本。

"一带一路"项目中乌克兰南方港疏浚项目由于受天气和船舶调遣等客观因素影响，在2017年8月底才具备整体施工的条件，但国外业主严格对照合同，要求中国企业按施工计划于2017年9月底前完成112万立方米疏浚量。面对紧迫工期，项目部展开劳动竞赛，连续奋战，最终于2017年9月底完成176万立方米的疏浚量，超额完成50%多的工作量，保质保量，按时完成合同工期。

白俄罗斯位于欧亚区域的中心，是"丝绸之路经济带"向欧洲延伸的重要节点。中工国际工程股份有限公司参与投资建设的白俄罗斯工业园项目是由两国元首亲自倡导推动的重大合作项目。但是由于明斯克持续两个月的封冻期，以及中白两方的文化差异、技术差异、工程标准差异等问题，对工程如期完工都造成了阻碍。为了能够将落后的工期赶回来，北京驻总的项目管理人员和200多名中国工人坚守岗

位，2017年春节都在工地继续工作。北京住总集团白俄建设公司经理高原对人民日报海外版记者说，"白俄人民对中国非常热情和友好，他们认为中国发展很快，对国际社会的贡献也越来越大"。这些评价皆是源于我们认真肯干的精神和诚信守约的品牌理念①。

由中国企业承建的外高加索地区最长的铁路隧道于2018年4月实现双线贯通，标志着格鲁吉亚铁路现代化项目取得了突破性进展。格鲁吉亚铁路现代化项目从格鲁吉亚首都第比利斯到黑海巴统的列车运行时间将由5个多小时缩短为3个小时，铁路年货运力也将提升100%，对促进格未来经济发展意义重大。从2011年开始，中铁二十三局采用了数十项国际先进施工工艺，克服了围岩沉降、可燃气体释放、岩层破碎等工程技术难题，确保了隧道按时、守约、高标准贯通。

五、绿色环保凸显品牌社会责任

品牌社会责任是当今国际市场竞争的重要维度，品牌要实现自身利益，首先要考虑社会公众利益。在电力、热力、燃气及水生产和供应业的发展进程中，资源开发的环保意识直接影响着品牌的社会责任、品牌美誉度和偏好度。以国家电网、国家电投、中国石化为代表的资源供应行业，以风险清洁能源为使命，向世界展现了中国品牌以人为本的民族气质、和谐发展的政策氛围。

目前，国家电网在巴基斯坦、埃塞俄比亚、老挝、埃及、巴西、土耳其等20多个国家和地区设立海外公司，成功运营菲律宾、巴西、葡萄牙、澳大利亚、意大利、希腊等国家和地区的骨干能源网，境外资产规模超过600亿美元。围绕"一带一路"建设，国家电网正在积极推进与巴基斯坦、俄罗斯、哈萨克斯坦等的国家全球能源互联方案，特高压早已成为"中国创造"和"中国引领"的金色名片。

---

① 人民日报·海外版.明斯克郊外的中国身影［EB/OL］.国务院新闻办公室网站，2017-02-23.

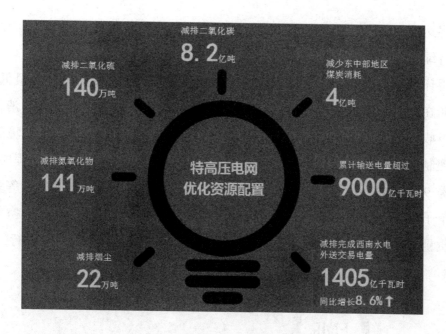

图 4.2 特高压电网优化资源配置

资料来源：国家电网《2017年社会责任报告》

如上图，国家电网《2017年度社会责任报告》显示，2017年全年实现减排二氧化碳8.2亿吨，减排二氧化硫140万吨，减排烟尘22万吨，累积输送电量超过90000亿千瓦时。这标志着中国已成为世界首个成功掌握并实际应用特高压技术的国家，在全球产业链中占据着最高端位置。国家电网公司在"一带一路"沿线国家积极推动能源革命，实现清洁能源转型。正在实施的埃塞俄比亚—肯尼亚直流联网、土耳其—伊朗直流背靠背联网等项目，开展的葡萄牙—摩洛哥、希腊—塞浦路斯、以色列—埃及、沙特—埃及等跨国联网工程，以及国家电网为推进中蒙、中尼、中俄等跨国联网项目，在解决当地无电和缺电问题、促进民心相通方面发挥了积极作用。

国家电投以"绿色发展、和谐共生"为核心理念，积极参与"一带一路"建设，其境外业务已涵盖41个国家和地区，不断提高国际化发展能力和国际市场盈利能力，预计到2020年，该集团境外电力装机将达到800万千瓦。在海外施工过程中，国家电投始终坚持绿色运营，将绿色的理念融入项目建设过程中，以高环境标准要求项目建设。采用环保原料，提升环保标准，努力将项目建设对生态的影响降至最低。如在巴西，国家核电以巴西环境管理公司BRANDT为主导，充分消化吸收项目环境管理基本计划（PBA），建立了契合实际的现场环境管理制度体系。以项目环境管理计划（EMP）及《项目危化品管理程序》等9个项目环境管理程序文件为支撑，以空气质量管控、植被恢复等多个子项管控程序为抓手，实现现场固体垃圾分类处理、水土保持、空气质量监测等管控的合法、合规，确保了项目环境管理体系的有效运行。

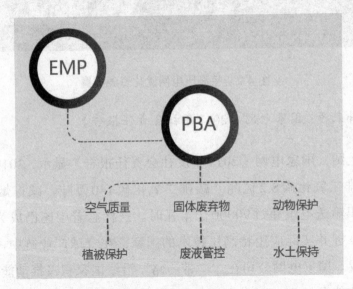

图4.3 国家核电EMP项目环境管理体系

资料来源：国家电投《2017年海外社会责任报告》

绿色低碳发展被中国石油天然气集团公司确定为长期发展战略。中国石油恪守"一带一路"绿色倡议，积极履行环境责任，与俄罗斯、哈萨克斯坦、土库曼斯坦、伊拉克、伊朗、印尼、新加坡等19个国家进行50个项目的合作，2016年油气权益产量近6000万吨，约占公司海外权益总产量的80%。

第三节 科技浪潮打造"数字强国"形象

2016年，国务院在"十三五"国家信息化规划中指示，"数字中国"是我国信息化建设的发展目标，计划到2020年，"数字中国"建设取得显著成效，信息化发展水平大幅跃升，信息化能力跻身国际前列，具有国际竞争力、安全可控的信息产业生态体系基本建立。习近平主席在2017年"一带一路"国际合作高峰论坛开幕式上的演讲中指出，"我们要坚持创新驱动发展，加强在数字经济、人工智能、纳米技术、量子计算机等前沿领域合作，推动大数据、云计算、智慧城市建设，连接成21世纪的'数字丝绸之路'"①。

艾利艾智库 IRI 选取《2017全球最具价值品牌500强》与《2017年财富世界500强排行榜》两个榜单中的共137家中国企业作为研究对象，获得最多外媒关注的互联网科技领域，以人工智能、虚拟现实、无人驾驶、共享经济、移动支付、智慧能源六大主题为主，围绕中国品牌的新品研发、海外市场拓展以及中美企业竞争等角度展开。2018年第一季度中，137家中国企业的海外网络新闻信息总量达到556525条，只有5家企业没有新闻曝光。海外媒体对中国互联网企业的关注度更高。从信息发布量来看，互联网和科技公司的新闻信息量占据所有中企新闻信息的近60%，共同打造"数字中国"的国际形象。

---

① 习近平在"一带一路"国际合作高峰论坛开幕式上的演讲［EB/OL］．新华网，2017-05-14.

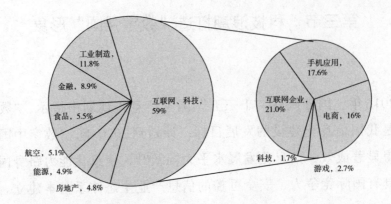

图 4.4　中国品牌企业海外新闻信息分布情况（2018 年一季度）

资料来源：艾利艾智库

一、移动支付颠覆沿线国消费习惯

曾经，美国式创新和技术高度他国无法企及，海外交流的"世界时间"往往等同于"美国时间"。然后，中国互联网行业井喷式增长，创造了从"复制美国"到让别人"复制中国"的"中国时间"。国际化进程初期，阿里巴巴发现很多发展中国家的创业公司，都在推"当地版支付宝""当地版阿里巴巴""当地版微信"。这些"复制中国"的产品让阿里巴巴在全球化布局时没有将重心对准发达国家，而是面向了与"一带一路"紧密相关且有巨大需求的发展中国家；推进海外支付业务的时候，没有选择资本投资，而是选择了技术投资，并且根据每个合作伙伴的技术能力、业务诉求的不同，制订不同的合作方式。

蚂蚁金服在海外市场复制支付宝是从印度开始的。截至 2017 年 4 月，印度 Paytm 用户数从两千多万升至 2.2 个亿，成为支付宝和微信之后的全球第三大电子钱包。蚂蚁金服国际事业部的资深总监郏航介绍称，"中国人用支付宝付水电煤、买电影票、寻找周边的店、商铺，用支付宝完成交通，我们将这些功能搬到印度，使 Paytm 从早期的电信钱包成长为全功能钱包，印度最有名的突突车，原来是付现金的，现在全部安装了支付宝"。目前，在"一带一路"沿线国家中，与支付宝蚂蚁金服有直接合作关联的已经有印度、泰国、菲律宾、印尼等多个国家。此外菜鸟在"一带一路"沿线国家物流基础设施逐步搭建，在"一带一路"沿线国家布局了17个海外仓。阿里云在香港、新加坡、中东、欧洲等地建设数据中心，在全球设立14个地域节点。UC浏览器在全球拥有六亿"季活"用户，在印度、印尼市场占有率第一。

阿里巴巴集团董事局主席马云在人民日报客户端《大咖有话》接受采访时表示"中国在支付领域里面，尤其是移动支付的时代，互联网的技术，我们在这个领域遥遥领先了西方国家"。阿里巴巴在"一带一路"的投资主要集中在电商平台、在线支付、线下物流、数据中心四个方面，极具战略眼光和布局智慧，不仅仅改变了沿线国家的消费习惯，更是打造了一个引领世界趋势的互联网大国形象。

二、普惠全球化体现中国企业家精神

企业家精神对企业家自身涵养、品牌文化、社会价值观、经济形势等都有着重要的理论价值和现实价值，企业家的创新精神，责任意识及其工匠精神在很大程度上影响着品牌形象的塑造。将品牌与国家形象的认知一一对应时，不同的品牌要素与国家形象构成要素之间有着联想对应关系。根据董妍博士（2015）研究，"消费者能够通过企业领导人与国家技术实力、国家政策、国民形象等联系在一起"，进而对国家形象产生联想和判断。

阿里巴巴集团董事局主席马云在多个采访中表示"一带一路"跟原来的全球化最大的差异就是普惠全球化，阿里巴巴的使命是让所有的小企业可以通过技术从事电子商务，为全球创造一个亿的就业机会。"让更多年轻人，更多妇女，更多的小企业，更多的发展中国家有机会参与全球的电商大潮"，这对于阿里巴巴来说既是机会，也是一种责任。优秀的企业家反映了当今中国勇于创造、睿智进取的新国民形象。

在"一带一路"沿线地区，华为采用商业联盟、自主建厂等各种方式，在当地开设生产，并且根据不同地区的需求实施产品差异化。

此外，在员工雇佣方面，华为坚持优先聘用当地员工。例如，2018年，华为海外员工本地化率约70%。华为坚持对来自国家、拥有不同宗教信仰的员工一视同仁，大家可以公平地得到学习与晋升的机会。华为在"一带一路"沿线充分尊重当地的文化与习俗，甚至在穆斯林国家，为其员工开设祈祷室。本地化不仅仅意味着本地雇佣、本地纳税和提供适合本地需求的产品，更高层次的本地化是与本地优秀的企业通过产业分工进行合作，将它们的创新能力整合到自己的全球价值链中去，并通过这个价值链将本地的创新成果推广到全球。

三、"互联网+"助力中国品牌国际化

2017年5月京东数据研究院发布《2017"一带一路"跨境电商消费趋势报告》，"一带一路"沿线的民间商贸一直在"路"上。通过电商平台，中国商品销往俄罗斯、乌克兰、波兰、泰国、埃及、沙特阿拉伯等54个"一带一路"沿线国家，同时，超过50个"一带一路"沿线国家的商品通过电商走进了中国。通过"网上丝绸之路"，民间商贸往来在世界地图上构成的连接线日益繁密，形成了进一步扩大文化、商品流通，实现共同繁荣的交流支点。手机、电脑和网络产品、电子配件、家居用品是最受海外市场欢迎的中国商品。近两年，智能产品、汽车配件、运动户外、美容健康是海外销售占比增长最为亮眼的品类。从增速来看，2017年1—4月，消费额同比去年增速最快的13个国家中，有7个"一带一路"沿线国家，消费额同比平均增速超过10倍。

京东集团董事局主席兼首席执行官刘强东，2018年1月在瑞士达沃斯举行的世界经济论坛年会期间谈道："京东的海外布局会跟随国家'一带一路'倡议，在沿线国家和地区展开投资与合作，促进中外品牌的双向流动。"长期以来中国消费者过于依赖价格，而缺少对品牌的关注。但是随着2000年后整个国家的消费转型，中国消费者对品牌的认知和要求已经越来越高。中国的制造业已经率先走向全球化，互联网行业紧跟而上，更重要的是中国的品牌也要全球化。因此，京东在布

局"一带一路"规划时，设立了两大目标，一是将海外品牌带回中国，二是将中国的优秀品牌推出海外。京东集团专门设立"老字号＋互联网"工程支持中华老字号发展，旨在让更多的中国品牌成为国际品牌，刘强东坚信"未来十年一定是中国品牌走向全球化的十年，在'一带一路'倡议带动下会有一部分品牌成为让民族骄傲的品牌"。其中，Doogee 手机（道格），通过与京东电商平台在产品、流量、活动等方面密切配合，打造了很多爆款，在俄罗斯地区取得了很好的效果，达到了双方销量、口碑的双赢；假发知名品牌 ALLRUN，自加入京东平台以来，成功拓展92个国家用户；小狗电器 PUPPYOO，通过京东在海外的运营推广，成为俄罗斯销量最高的小家电品牌；蓝弦 Bluedio，借由京东平台成为国内耳机出口的领先品牌；自由宾 Freesoldier，也已成为国内男装品牌出口成功案例。

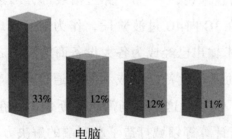

图 4.5　最受海外市场欢迎的国货品类

资料来源：京东《2017"一带一路"跨境电商消费趋势报告》

四、数字技术改善国民生活面貌

《网上丝绸之路大数据报告》显示，阿里巴巴旗下全球速卖通平台海外买家累计超过1亿人，其中"一带一路"国家和地区消费者占比45.4%[1]。在一些高新技术领域，"中国智造"正逐步走进"一带一路"沿线国民

---

[1]　阿里巴巴发布《网上丝绸之路大数据报告》[EB/OL].人民网，2017-04-22.

众的日常生活，以华为为代表的中国品牌海外消费者喜爱。在非洲，很多农村地区没有通电，华为手机凭借"超长待机"的强大功能成了当地人民的最爱；在吉尔吉斯斯坦，华为从2011年起启动当地固网向移动转型，弥补吉尔吉斯斯坦在固定宽带业务上不足所造成的上网困难；在马来西亚，华为抢占400美元以上的高端机市场，目前已占有超过25%的市场份额；在保加利亚，华为与政府商谈合作项目，包括安装测速摄像头和建设智能交通系统，还协助政府普及宽带，提供3G和4G手机上网设备，为这个东欧国家700万人口的生活提供更便捷的通信服务。2017年6月1日，华为第7个开放实验室在曼谷宣告建立，有效带动当地数字化发展。2018年11月6日，波黑交通部与华为签署了关于智慧城市和平安城市项目的联合声明，促进该市向智慧城市与平安城市转型。

就移动通信行业来说，"一带一路"沿线部分国家尚处于2G阶段，其余大多数则处在3G向4G过渡阶段，作为FDD-LTE技术的主导力量，进行FDD技术输出已经成为各大设备商的重中之重，借助"一带一路"倡议，移动通信设备已经成为我国通信技术输出的前行力量。中国的电信设备厂商围绕这个市场需求不断创新，在电信网络、企业网络、消费者和云计算等领域打造了端到端的解决方案优势，以华为、中兴通讯为代表的中国通信业品牌有望成为继高铁、核电之后的"中国名片"。在掌握市场需求后，要借助品牌类别的区分，利用不同的影响方式提升消费者的品牌体验。

第四节　文化交流透射"文明新国"形象

延续近两千年的"一带一路"，其含义不仅是将空间概念和经济战略融合的商贸物流之路，更是用文化将历史、现实与未来连接在一起的民心相通之路。文化是顺利实施"一带一路"的精神内核，能够促进我国与沿线各国的全方位、多领域的合作与交流。民心相通追求的是在多种文化的碰撞中的"共通"，以文化交流促进民心相通是符合当代形势的有效途径。品牌除了具有物理功能之外，还具有文化传导的功能。品牌的文化价值是品牌在市场营销中形成的一种意识形态和文化观念，可以包括品牌精神、价值观念、品牌伦理道德、品牌愿景、目标和行为规范等。企业需要通过品牌文化传播，寻求与消费者内心认同的文化价值的共鸣，一旦品牌文化与消费者的消费观念、审美趣味、价值理念高度契合，就会成为消费者购买商品的重要决策依据。"一带一路"的文化传播与交流合作的路径，可以通过展览、演出、贸易等实现，还可以利用互联网传递影视、图书、音乐和动漫等形式传递"一带一路"的历史渊源和文化精神。品牌作为文化价值的承载者，能够超越时空、跨越国界，润物无声地促进人类文化的传播和融合。

《愿景与行动》中提出要"传承和弘扬丝绸之路友好合作精神，广泛开展文化交流、学术往来、人才交流合作、媒体合作、青年和妇女交往、志愿者服务等，为深化双多边合作奠定坚实的民意基础"[①]。文化在国际合作中的桥梁作用是其他要素无法替代的。"一带一路"倡议，继承了古代丝绸之路延续千年的文化精神，并赋予了新的时代内涵。文化品牌是文化产业品牌化的结果，是关于出版、文化、休闲、传播、新闻、艺术、娱乐等行业的品牌[②]，包含了精神价值和经济价值两方面要素。"一带一路"倡议在客观上各国搭建起了一个文化产品贸易互通的平台，无论是文化旅游、文艺演出、影视剧、书画作品，还是新兴的游戏电玩等都能够借助"一带一路"平台获得推动。

清华大学新闻与传播学院教授史安斌认为："中式全球化更多从全球传播的角度，从人类命运共同体视角进行，而不是从国家利益或者文化价值观这种霸权角度。中式全球化最大的不同是企业成为核心的

---

① 国家发展改革委，外交部，商务部.推动共建丝绸之路经济带和21世纪海上丝绸之路的愿景与行动[N].人民日报，2015-03-29（004）.

② 马哲明，肖艳.文化品牌研究文献综述[J].北华大学学报（社会科学版），2014（12）：54-57.

力量，所以中式全球化迄今为止对企业的依赖度非常高。"在现阶段全球传播中，呈现出语种多样化、受众多元化、传播扁平化等特点，全球传播除了技术之外还包括文化价值观，企业不仅是经济、技术主体，同时还要成为文化价值观的载体。人文交流合作是"一带一路"建设的重要内容。在民心相通方面，文化交流是最有效、最受欢迎的桥梁和纽带。2016年12月，文化部发布《文化部"一带一路"文化发展行动计划（2016—2020年）》①，提出要建成"一带一路"文化交流合作机制、完善"一带一路"文化交流合作平台、打造"一带一路"文化交流品牌、推动"一带一路"文化产业繁荣发展、促进"一带一路"文化贸易合作五个方面的任务。"有了这个顶层设计，我们希望在未来几年，在'一带一路'倡议下更加有效地开展好中外文化交流和合作。"文化部副部长丁伟说。前文从国家支柱产业和优势产业出发，总结出品牌建设"经济强国"的实践现状，由此，本节将以"文化品牌"为线索，论述中国品牌对中华民族文化的透射与传达。

一、旅游品牌以体验促好感

为了打造"一带一路"旅游精品，促进中国旅游品牌发展。2015年，一带一路（中国）旅游品牌战略发展峰会、一带一路旅游先通先锋工程等旅游活动相继启动。2016年，中国政府将旅游业列为五大幸福产业之首。以"一带一路"为依托的旅游节，如上海旅游节、西安"一带一路"国际旅游城市大会、福建省"海上丝绸之路"国际旅游节、新疆中国新疆春季特色旅游国际交易会等活动继续推进；以中国为主导举办了一系列"旅游年"活动，如中印旅游年、中美旅游年陆续举行。2017年是中国—东盟旅游合作年、中哈旅游年、也是联合国确定的"国际可持续旅游发展年"，我国各地积极响应"一带一路"号召，举办了四川国际文化旅游节、福建"海丝"国际旅游节等品牌活动。2018年6—7月，"第八届敦煌行·丝绸之路国际旅游节"举行，这是

---

① 文化部着力打造"一带一路"文化交流合作平台和品牌［EB/OL］.中国经济网,2017–05–12.

一场大型国际节会，更是52个国家和地区的嘉宾共同演绎"丝路之上皆兄弟"的往来与温情的盛会。

　　旅游比起国家层面的活动和行为，更能促进区域间的人际交往，促进各国家、各民族的文化交流，让人们以旅游实践的形式体验不同文化。以2017年四川国际文化旅游节为例，该旅游节以熊猫文化为主题组织了摄影大赛、网络竞猜、圆桌论坛等活动。众所周知，大熊猫在中国人的心目中是忠厚、平和的形象，是和平、吉祥精神最好的象征，熊猫文化展示了中国与自然和谐共生，爱好和平的人文内涵。另外，雅安是世界茶文化发祥地，更是最早有人工栽培茶树的地区，享有"世界茶源"的美誉。"四川国际文化旅游节"将四川雅安作为一张旅游名片向世界展示中国的茶文化。茶文化历史悠久，融入了儒家、道家和释家的哲学色泽。茶性碱，苦而后甘，它的俭朴、清淡、和静、健身的秉性，体现出中华民族崇尚先苦后甜、温和谦、宁静淡泊、恪守本分的思想。通过此次旅游节，可以向"一带一路"国家展现我国的饮食、自然、文学等文化精髓，而每个消费者则可以作为文化传播者，更加平等自由地接收和传达了我国的悠久文化。因此可以说，旅游业的品牌化是一种市场行为过程，可以在实现经济效益的同时，通过文化互通传达国家精神和时代精神。

二、戏剧产品讲好中国故事

　　戏剧演出从2013年"一带一路"倡议提出之后逐年增多，中国国家级别的艺术机构创作了非常多的作品，在"一带一路"中占据重要地位的新疆、陕西、甘肃、广东等地也进行了较多创作。

　　例如，国家大剧院出品，国家大剧院与中国人民解放军原总政治部歌舞团联合制作原创舞剧《马可·波罗》，以一个现代意大利青年化身"马可·波罗"梦回古代中国的形式，探寻、触摸绚烂多姿的中国文化与民族风貌，传达出中华民族自古所秉承的和平与和谐的美好主题，传播中华民族"美美与共、世界大同"的传统文化理念。福建省歌剧院将《丝海箫音》改编成大型歌舞剧《丝海寻梦》,曾在联合国总部、联合国教科文组织总部、欧盟总部及"一带一路"沿线上的缅甸等东南亚国家进行演出。该剧演绎了我国古代沿海人民不畏自然条件的艰险,凭借勇气与才智建立了海上丝绸之路,并使得华夏文化与沿线国家的异域文化实现共融共连。

再如,甘肃省歌舞剧院中国经典民族舞剧《丝路花雨》,融入"一带一路"元素,以敦煌壁画和丝绸之路为题材,形象地再现了敦煌文化的博大精深,歌颂了劳动人民创造敦煌文化的光辉艺术形象和中外人民友谊源远流长的故事。戏剧作品在"一带一路"的发展中不仅在促进文化贸易发展中发挥作用,更能够以文化为纽带传递中国的历史文明与民族气质。

在影视创作方面,新闻出版广电总局2014年创办了国家丝绸之路国际电影节,目前已连续举办三届。2016年,参加丝绸之路国家电影节的国家达到了57个。2017年6月份举行"2017中国成都金砖国家电影节",来自中国、巴西、俄罗斯、印度、南非五个金砖国家的30部影片参赛参展。另外,中外媒体机构也合作推出了一批影视精品,如中印合拍电影《功夫瑜伽》、中捷合拍动画片《熊猫和小鼹鼠》、中俄合拍电视剧《晴朗的天空》、中英合拍纪录片《孔子》等。与沿线16个国家和地区签订了互译出版协议,翻译出版了近100种优秀图书。实施重点影视合作译配工程,在沿线国家开设出版分支机构翻译出版中国图书。丝路国家合力创作,促进文明互鉴、文化繁荣,在促进民心相通方面发挥了积极作用。在"一带一路"倡议下,国家新闻出版广电总局牵头举办了"2016—2017年中俄媒体交流年""2017年中国—中东欧国家媒体年"等活动,确定了10个领域的200多个合作项目,并在老挝、柬埔寨开展 DTMB 传输覆盖网络建设 ①,在海外推广"中国巨幕"系统及其专用母版制作技术,强化技术产业合作,推动广播影

---

① 新华社.国家新闻出版广电总局:与"一带一路"沿线国家影视作品合作会越来越多[EB/OL].中国政府网,2017-05-11.

视基础设施联通。

三、孔子学院代表人文交流品牌

《文化建设蓝皮书·中国文化发展报告（2015—2016）》指出，孔子学院已成为汉语推广和体现中国"软实力"的文化品牌。截至2017年5月，"一带一路"沿线有53国设立140所孔子学院和136个课堂[①]。其中94%的孔子学院开设了汉语学分课程，93所大学在孔子学院的带动下设立中文专业，还有沿线20个国家已将汉语教学纳入国民教育体系。习近平总书记在致信祝福全球孔子学院建立10周年暨首个全球"孔子学院日"时指出，孔子学院属于中国，也属于世界。

作为面向全球的非营利性教育服务品牌，孔子学院为"一带一路"提供了人才智利支持，也为沿线国民学习中国的语言、文化提供了更广阔的平台。一方面，孔子学院将"亲、诚、惠、容"的办学理念向外普及，将中华文化向"一带一路"沿线国家传播，让沿线各国民众认识中国、了解中国，提升中国的国际形象；另一方面，学员能够起到良好的沟通桥梁的作用，学员通过对孔子学院课程安排、教师素养、教学服务等方面的了解，可以感知到孔子学院的功能价值、情感价值、社会价值及财务价值，从而直接或间接影响学员的满意度和忠诚度。中国与"一带一路"沿线各国加强人才交流，就是在加强中国文化的传播。孔子学院作为首屈一指的中外人文交流品牌，能够促进沿线国家彼此文化交融，有助于"民心相通"建设。

2018年9月1日，由川登喜大学素攀孔子学院参与组织的泰国中部华文民校联谊会第9届中文学术比赛在素攀府启智公学举行。来自泰国中西部15所华文学校的近3000名学生参加此次活动，此次比赛包括演讲、朗诵、中国舞蹈、话剧等9个项目。比赛过程中，各个项目的选手们发挥出自己的最佳水平，充分体现了他们对此次比赛的高度

---

① 数据来自第12届孔子学院大会官网。

重视和对中国文化的热情。

作为孔子学院的战略合作伙伴，早在 2008 年，同仁堂就已在国家汉办暨孔子学院总部的支持下，与新加坡南洋理工大学孔子学院携手联合办学。此外，同仁堂集团经常会选派资深中医专家、同仁堂中医大师参加孔子学院"开放日"活动，为外宾提供"望、闻、问、切"等中医诊疗体验。来自新加坡、马来西亚、老挝、塞内加尔、乌兹别克斯坦等"一带一路"沿线国家的外宾都会参与其中并参观中医药文化展览。

四、艺术产品凝结国民文化自觉

书法、水墨画等是中国特有的文化艺术表现形式，在当代日趋国际化的现实背景下，一个国家在视觉艺术中的表达和传播不仅是美学鉴赏的展示，更有着传递国家文化，展现国民艺术精神的诉求。当代艺术家所展现出来的视觉创造力，往往能透视出国家文明发展程度和文化自觉。走向"一带一路"沿线国家，传统文化遇到了良好的机遇和平台，书画作为中国优秀的传统文化代表之一，更是承担着传达当代中国精神风貌的责任。

2014年中国国家画院发起"丝绸之路美术创作工程"，将丝绸之路分为海上丝绸之路、陆路丝绸之路、草原丝绸之路三路，选题从"江山多娇""历史风云""驼铃声音""艺文灿烂""丝路风情""今日新貌"六各版块对丝绸之路进行艺术创作，弘扬丝路精神和丝路文化。

另外，各地区举办了多种样式的书画展览。例如，2016年，西班牙"一带一路"中西文化交流书画展；利比亚"一带一路"中利当代名家书画展。2016年，中国国家画院配合"一带一路"国际美术工程，完成了意大利、西班牙、俄罗斯、法国、德国、波兰、乌克兰、埃及、摩洛哥、印度、乌兹别克、土耳其、约旦、阿曼等20多个国家的80余名艺术家的邀请与合作。2017年，"一带一路"中法国际画家联展。2018年，第3期"一带一路"国际文化交流网络书画展等。在这些书画创作中，有些作品将"一带一路"元素融入进来。例如，张清智创作《丝路之梦·一带一路》，画作高2.2米、长165米，对"一带一路"沿线各国的海、陆、空全面描绘，以和平鸽元素为重要线索，史诗般地展现了沿线多国的人文风貌，突出了和平、发展的时代主题。

2018年9月3日，"中华丹青丝路行——中国书画名家'一带一路'主题作品展"在波兰华沙康斯坦蒂·扎莫伊斯宫美术厅开幕。此次展览体现了中国艺术家多年来在"一带一路"沿线地区艺术考察的感悟和思考。据波兰克拉科夫孔子学院新闻报道，一名参观者说到，自己很欣赏中国书法、国画等传统艺术的表现方式，书画中的诗歌等体现了中国艺术的多面性。

综上，结合建构主义理论，品牌信息通过交往互动阶段传播到消费者心中，并在契合国际价值观的前提下达成共有知识，进而形成对国家形象的综合性评价。在交往互动阶段，"一带一路"沿线的中国品牌，分为基建、科技、文化三大品牌类别，凭借各自的品牌特征和产品优势，传播着多个维度的国家形象侧面。将建构主义理论与中国品牌建构国家形象路径相关联，本书梳理出品牌建构国家形象路径，如下图。

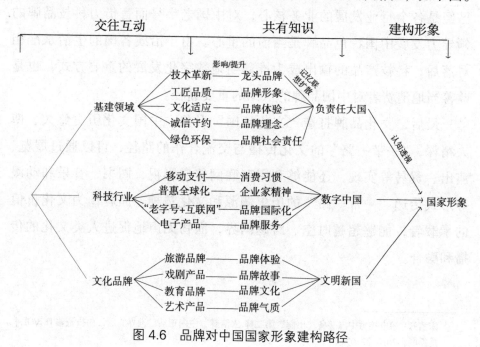

图4.6 品牌对中国国家形象建构路径

首先，基建品牌构建出"负责任大国"形象。"一带一路"倡议中所提出的"基础设施"既包括传统意义上的公路、铁路、港口、机场、电信、能源等部门，以建筑业、制造业为代表基建领域品牌在前50名企业榜单中占比达76%，在"一带一路"倡议沿线国家的推进中影响力非常大。"中国正在从'世界工厂'向投资输出国转变。"① 通过大量案例，基建品牌通过技术革新创造了以中国高铁为代表的龙头品牌，借由工匠品质建筑出一系列举世瞩目的优秀建筑，在本土化进程中融入当地文化重视消费者的品牌体验，秉持诚信守约的契约精神建设了积极正面品牌形象，最终在能源建设领域的环保意识彰显出对国际社会责任的担当和胸怀。

其次，科技品牌打造"数字强国"形象。移动支付以改变世界范围消费者消费行为的态势将中国的科技品牌推到了国际领先品牌的位置；企业家精神将"一带一路"普惠全球化的意识进行了很好的体现，关注欠发达地区的科技化发展、尊重当地民族与文化，并通过优秀的企业价值链将创新成果推广到全球；"互联网+"在当今的媒体时代中已经是各个行业发展的业务核心，对中国老字号而言借力科技品牌的领导力发展中国特色品牌是当前的重心。由于沿线各国的生活水准相对落后，科技产品的输出成为推动当地数字化发展的重要方式，也是改善当地消费者对中国品牌的认知的重要途径。

最后，文化品牌打造"文化新国"形象。中国文化历史悠久、博大精深，"一带一路"的文化传播与交流合作的路径，可以通过展览、演出、贸易等实现，还能够利用互联网传递影视、图书、音乐和动漫等形式传递"一带一路"的历史渊源和文化精神。品牌作为文化价值的承载者，能够超越时空、跨越国界，润物无声地促进人类文化的传播和融合。

---

① 宋清辉.核电接力中国装备"出海"第二棒 宋清辉：中国正从'世界工厂'向投资输[EB/OL]. 搜狐网，2015-02-09.

第五章　知识共有：中国品牌建构国家形象作用机制

前文主要研究"交往互动"阶段，中国品牌以"基建领域""科技领域""文化领域"为主要路径构建国家形象。在共有知识形成阶段，消费者通过记忆联想模型将品牌信息与中国的国家形象相关联，"负责任大国""数字中国""文化新国"等形象成为最核心的主体形象。这些丰富多样的国家形象认知，通过消费者个体的差异和认知差异在产生不同的认知透视作用，最终成为一个相对完整、稳定的对中国国家形象的认知。本章将重点研究"知识共有"阶段即国家形象如何在消费者心中产生作用与影响。

第一节　研究方案设计

一、研究方法的选择

目前，关于与消费者相关的各类影响机制研究中，量化研究方法是获得学术研究普遍认同的，也是被认为科学性较高、较为严谨的一种方法。由于本书涉及"一带一路"沿线国家数目众多、消费者体量庞大，因此在量化研究方面主要借鉴《2017中国企业海外形象调查报告（东盟版）》的相关调查结果，以客观了解"一带一路"国家形象以及品牌形象在消费者心目中的状况。

《2017中国企业海外形象调查报告（东盟版）》是中国报道社联合中国外文局对外传播研究中心、华通明略（Millward Brown）、Lightspeed GMI合作开展的第4次中国企业海外形象调查，重点考察"一带一路"沿线6个东盟国家（新加坡、马来西亚、泰国、菲律宾、越南、印度尼西亚）对中国经济、中国企业和中国产品的评价。调查时间为2017年6—8月，访问样本共计3000个，每个国家500人。调查样本源于LightSpeed Research全球样本库，男女比例为1：1，年龄为18~65岁。该调查主要围绕中国经济形象、"一带一路"倡议、中国企业形象现状与提升建议等内容展开。以下为与本章内容相关的主要发现。

第一，超过50%的东盟民众认可中国企业对当地经济的贡献，主要体现在：提供更便宜的商品，带来了新的就业机会和新的资金投入。

第二，与两年前相比，中国企业在东盟地区的认可度有明显提升。随着近年来中国企业在东盟地区工作的展开，54%的东盟民众认为中国企业的印象与两年前比较变好了。

第三，超过60%的东盟受访者最想了解的信息是中国企业产品或服务本身，其次是企业发展历史、企业文化和企业领袖。

通过定量调查发现，消费者对于国家形象与品牌形象的认知现状，为本书研究品牌构建国家形象奠定了宏观的认知基础，但同时也意识到量化研究方法对于下一步建立品牌与国家形象之间的逻辑关系及影响因素方面存在的局限性。一方面，量化研究是在现有理论的基础上提出假说并进行验证，对全新的或者利用现有理论难以归纳总结的社会现象或者概念并不适用；另一方面，由于各个国家的发展历程、历史情况、地理环境等特性各有不同，其产业优势、品牌类型也千差万别，加上消费者对于不同品牌和国家的认知度不同，调查问卷量表设计受制于研究者在该领域的认知程度，无法全面、深入地获得调查对象更加丰富、多样的信息。本章研究的重点，是中国品牌如何差异化建构国家形象的影响机制剖析，但这一领域前人并没有成熟的理论模型，因此，以探索性研究为目的的定性研究方法更为合适。

综上，本章将以权威机构的调查数据为宏观基础，进而对消费者进行半结构化的深度访谈，让他们主动谈及自己印象深刻的中国品牌，通过自主的认知和思考谈出他们内心的真实想法，再将来自消费者真实的信息进行概念提取，最终得以形成较为贴近消费者实际的研究结论。

二、数据收集与整理

本章数据收集过程本着"一切皆数据"的原则，全方位、多角度地收集数据，以供发现问题和建构理论。

首先，设计访谈提纲。笔者根据《2017中国企业海外形象调查报告（东盟版）》数据得知，借由"一带一路"倡议的实施，东盟六国（新加坡、马来西亚、泰国、菲律宾、越南、印度、尼西亚）消费者对中国企业的评价逐年提升，在认可中国企业的积极贡献中重点包括"带来先进的技术""改善当地的基础设施""促进不同文化更好地融合"三大方面，印证了前文对品牌类别的划分。与之对应，在访谈中笔者将这三大品牌类别分为三大段落进行提问。另外，报告里调查东盟消费者对中国企业关注度量表，共涉及"产品与服务""发展历史/企业故事""企业理念/企业文化""企业领袖""企业荣誉"等题项，成为访谈大纲的初始思路。接着，结合前文"品牌对中国国家形象建构路径"模型中涉及的多个品牌要素与对应关系，并选取代表性品牌作为提问重点，最终形成较为完善的访谈大纲。提纲分为三大部分，第一部分针对消费者对中国品牌、中国国家形象、"一带一路"倡议的认知调查，第二部分是深入了解消费者在品牌与国家形象联想时的心理动机和影响因素，第三部分是基础信息填答（见附录）。

其次，访谈对象选择。本书涉及"一带一路"沿线71个国家的消费者，数量庞大而多样，在现有条件下，对访谈对象的选择采用方便抽样。为保障访谈效果，对消费者的筛选设立三项条件，同时满足方可列入访谈对象，具体包括：来自"一带一路"沿线国家、对中国品牌有一定关注、能够用中文或英文自如表达。深访对象基本数据统计如下：本次调查覆盖"一带一路"沿线共计19个国家，访谈对象43人，其中男性24人、女性19人，平均年龄30岁。为使样本具有多样性，本次调查对象以高校留学生为主，此外涉及多个行业的工作人士，包括人力资源经理、市场部销售人员、电影导演、青年律师、媒体工作者、经济学家等，现居地包括北京、上海、广州以及境外新加坡、印度、俄罗斯、罗马尼亚等（见附录）。

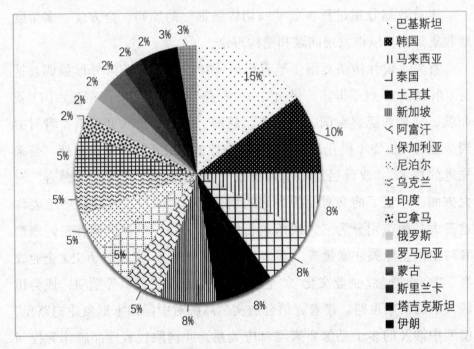

图5.1　本次调查所覆盖的"一带一路"国家分布情况

　　最后，数据收集与整理。由于被访者的来源国、职业、现居地的多样性，以及接受访谈的客观条件不同，本次访谈采用多种形式，包括面对面访谈、视频访谈、语音访谈和邮件访谈等。访谈语言以国际通用语言英语为主，汉语为辅。另外，由于本研究所提出的问题不是消费者日常生活中会思考的，因此在采访的过程中会随着发散性问题的展开，逐渐根据消费者的个人兴趣和思考深入进行，以便让他们能够充分回忆和思考。访谈时长在50~70分钟之间，共计形成访谈记录63000余字。

第二节 品牌建构国家形象认知机理

在消费者视角下，品牌认知与品牌所在的国家形象有非常紧密的关联。那么，消费者通过品牌建构出什么样的国家形象？由不同品牌构建国家形象时的作用方式有何不同？三类品牌在构建国家形象时能否成为彼此背书？整个过程的机制模型如何？本节将通过对消费者访谈内容的分析，来反映品牌建构中国国家形象作用机制。

一、消费者对中国品牌的认知特征

（一）单品牌优势凸显，华为提及率最高

"一带一路"沿线国家众多，各国之间国情差异很大，对中国品牌的了解与熟悉程度也呈现出很大不同。在产品联想中，手机、运动服饰、路由器、凉茶、社交软件、汽车、家电、衣服、中医等各类产品均被访问者提及。不过，产品提及范围虽然广泛，但是品牌联想却非常集中。其中，华为成为提及率最高的品牌，43位被访者有23人提到中国品牌便想到华为。消费者对华为的评价示例如下表：

表 5.1 消费者对华为的评价示例

R1（俄罗斯）	华为在俄罗斯非常有名，几乎每个人都会用到这个品牌
R3（马来西亚）	华为生产的路由器几乎每个家庭都在使用
R12（尼泊尔）	华为是个非常智慧的品牌，尼泊尔人都很喜欢

续表

R18（乌克兰）	在我的国家，华为的广告随处可见，几乎每几个人里就有一个人用过华为的产品
R24（泰国）	华为在泰国非常受欢迎，很多人在用，很多人在买
R26（泰国）	华为手机是我想到的第一个中国品牌。我知道这是因为它现在以高新技术闻名，而且我们国家很多人也使用它
R27（巴基斯坦）	华为是巴基斯坦非常常用的手机品牌

华为的高知名度，代表了中国科技产业的发展水平，已成为中国走向国际市场、带领整个产业发展壮大的行业标杆。华为不仅能够带动国家相关行业被消费者熟知，更逐渐成为中国新的消费文化符号。

（二）科技品牌雄霸，产业优势已经形成

据统计，本次调查中消费者提及的中国品牌共41个，提及次数111次（包括误认为中国品牌的他国品牌），居于华为之后被提及最多的品牌是小米、阿里巴巴、腾讯、淘宝、OPPO、联想、微信等，除了6名对此题（提起中国，你首先想到了哪些品牌？通过什么途径了解到？）无法回答的消费者，每人都至少提到1个互联网IT业的品牌。

以下为本次调查中受访者提及的中国品牌汇总：

表5.2　消费者提及的中国品牌汇总

R1	华为、魅族、小米、vivo
R2	华为、联想、李宁、小米、魅族、美的、苏泊尔、九阳、华硕、安踏、361、鸿星尔克
R3	华为、阿里巴巴、百度
R4	蜗蜗、淘宝
R5	阿里巴巴、taobao、加多宝凉茶

R6	腾讯、微信、中国移动、小米
R7	华为、小米、阿里巴巴、微信
R8	阿里巴巴
R9	华为、联想、海尔、樱桃（非中国品牌）
R10	淘宝、微博、OPPO、华为
R11	淘宝、微信、饿了么
R12	华为
R13	长城汽车、海尔
R14	阿里巴巴、京东、腾讯
R15	华为、小米、央视传媒、S·deer
R16	华为、阿里巴巴、大疆、小米、腾讯
R17	无
R18	华为、阿里巴巴、小米、华硕
R19	无
R20	华为、阿里巴巴、小米、联想、腾讯、滴滴
R21	淘宝、腾讯、支付宝、微信
R22	李宁、OPPO
R23	华为、阿里巴巴、万达、淘宝、美团、百度、小米
R24	华为
R25	华为、OPPO、小米
R26	华为
R27	华为

R28	小米、OPPO
R29	无
R30	小米
R31	华为、阿里巴巴、腾讯
R32	华为
R33	华为
R34	华为、阿里巴巴、腾讯
R35	OPPO、联想
R36	无
R37	小米、OPPO
R38	无
R39	华为
R40	无
R41	华为
R42	小米、华为、滴滴、阿里巴巴、腾讯
R43	华为、比亚迪、北汽、上汽集团、广汽、一汽、江淮汽车、江铃汽车、福田汽车

可见，在消费者心中，中国的科技产业已拥有一批强势品牌，这些品牌从多个品类共同影响消费者认知，形成产业优势。迈克尔·波特（Michael E.Porter）的《国家竞争优势》一书中提到，国家的影响力通常针对特定的产业或产业环节，而不是个别企业。形成产业集群的国家才更有竞争力[1]。优势品牌能够带动产业发展，优势产业能够形

---

① 迈克尔·波特.国家竞争优势［M］.北京：华夏出版社，2002：9.

成背书促进更多的品牌发展壮大，一国拥有强势产业后，还需要有与之相关的强势品牌与产业之间相互呼应，两者相关性越强，越能相互借力、共同发展。

（三）文化成为认知补充，基建领域鲜有提及

文化是消费者认知中国的重要渠道。菲斯克（John Fiske，2010）认为商品除了交换价值和使用价值之外，还具有文化价值，文化是商品的重要价值之一。在本次调查访谈中，消费者首要提及的品牌大多为消费品类，这类产品在生活中使用频次高，与消费者关系紧密。除此之外，在回答"提到中国你首先想到哪些品牌"时，文化成为品牌联想的认知补充被多次提及，其中长城、四川火锅、加多宝凉茶、陆家嘴分别从旅游、美食、城市等角度成为消费者对中国品牌的认知补充。R11（保加利亚）提到消费品牌肯定是首先想到的，但是火锅和陆家嘴同样是中国的代表，而R13（巴拿马）、R27（巴基斯坦）也都提到了长城代表着中国的民族精神。而全部访谈中，没有一人提及基建领域品牌。可见，虽然在企业影响力榜单上基建领域呈现绝对优势，但是在消费者认知中却尚未形成有效的品牌联想。

二、品牌形象与国家形象的认知关联

品牌形象与国家形象都是复杂信息在消费者心中形成的综合印象，因此很多情况下消费者无法将品牌形象的构成要素与国家形象的构成要素进行对应关联。但是，在明确品牌能够建构国家形象的相关性后，笔者将消费者对品牌形象和国家形象的描述分别统计整理，试图进一步明确由品牌认知到国家认知的逻辑关系。

（一）消费者眼中中国品牌形象构成

基于第三章中有关品牌建构国家形象认知机制对品牌形象的分类，本节将消费者对中国品牌的认知描述进行分析，把消费者对中国品牌的联想关键词归纳为品牌个性、品牌文化、企业形象等种类。本次调查访问中，消费者对"请用三个词描述中国品牌"的词汇描述情况如下：

表5.3　消费者对中国品牌描述的词汇归类

产品形象	划算、合理、超便宜、平价、实惠、便宜、买得起、廉价、符合性价比、服务质量差、质量在提高、质量好、耐用、质量可以、并不总是质量好的、便携、方便实用、实用
企业形象	硬件物有所值、提升空间高、强大、仍有改进的空间、良好的营销传统、不那么出名、监管严格
市场表现	覆盖范围广、分布范围广、广泛、发展速度很快、正在逐步发展、有潜力有市场、不错的运营
品牌个性	多样化、创意、新颖、设计很棒、独一无二、神奇、包容、非常规、时尚、亲近
品牌文化	不是很为人所知、越来越值得信赖、舒适、有中国特色、高仿
消费者形象	很多人都用，离不开中国产品，会推荐朋友

　　2018年是"一带一路"倡议推进的第5年，共建"一带一路"倡议和"共商、共建、共享"的核心理念已经写入联合国等重要国际机制成果文件，已经有103个国家和国际组织同中国签署118份"一带一路"方面的合作协议。截至2018年6月，与沿线国家货物贸易累计超过50000亿美元。"一带一路"作为全球化的新动能，不仅为中国企业在海外市场赢得了更广阔的发展空间，也不断提升了中国品牌的影响力，引领中国制造向中国创造转型升级。那么中国的品牌形象在"一带一路"沿线国家的消费者心中如何评价？通过访谈内容整理，共有如下发现。

　　第一，"价格低廉"占领消费者心智。价格是消费者最为关心的话题，与之相关的描述也非常丰富，包括划算、合理、超便宜、平价、实惠、便宜、买得起、廉价等。值得注意的是，在对价格普遍满意的评价下，"质量很好""物美价廉"成为核心观点。

　　第二，"性价比高""方便""耐用"扭转刻板印象。R1（俄罗斯）谈道：我相信中国品牌在价格和质量方面都非常耐用，每年中国商品的质量都在提高。R2（越南）：过去中国的产品感觉便宜，但是（质量）非常差，现在是价格很便宜，但是质量大多可以保证。R3（马来西亚）：我对中国的品牌非常认可，让我完全认识到"一分钱一分货"的道理，你花多少钱就享受多少钱的质量，这样就是非常诚信的企业行为了。R28(印度)：印度有很多小商贩贩卖低价产品，来了中国之后，所有生活所需都十分方便，可以用非常少的钱买到很好的东西，这让我非常震撼。

如今，价格低廉的评价已经趋于褒义，因为中国产品当下价格低廉背后是质量的保证，曾经中国的"价格低但是质量差"的刻板印象如今已有很大改善。

第三，创新、高速、全球化标志中国品牌当代面貌。韩国以电子科技类产品闻名国际，韩国消费者对此类产品的购买近乎挑剔，但是本次访谈到的韩国消费者对中国品牌的评价都很高。R8（韩国）是一名在中国居住近10年的企业高管，熟知中韩两国的异同，他的整个访谈的视角都站得很高，他说：中国品牌已经在改变，随着中国科技行业的发展和政府的大力支持，我相信未来的中国品牌将覆盖最大、发展最快并富有创新精神。R12（尼泊尔）作为中国国际广播电台外请专家，对中国的发展有着非常敏锐的视角，他说：中国一直在创造自己的品牌，并在世界各地享有盛誉，中国品牌的发展是可预见、高速的。R14（韩国）：用变化、迅速、巨大（可以）形容中国品牌的发展特点。R41（保加利亚）：经济学家用家喻户晓、快速扩张、非常规发展描绘中国品牌。

第四，服务不佳、欠缺高品质和知名品牌，仍是中国品牌面临的问题。尽管整体评价非常正面，但是仍有不同的声音指出中国品牌存在的问题。R6（马来西亚）：中国的产品很有魅力，而且物超所值，但是不得不说配套服务实在是太差了。R15（土耳其）无法统一概述中国品牌，他觉得有好有坏，质量无法保证所以他也无法对中国品牌保持信任的态度。R25（新加坡）、R30（伊朗）、R16（土耳其）都提到了中国知名的品牌不多这一现象，其中 R30 特意强调：我不懂为什么中国那么多的品牌却不被人所知，事实上中国的品牌除了手机还有非常多。

（二）消费者眼中中国国家形象构成

基于第三章品牌建构国家形象认知机制中对国家形象的拆解，笔者将消费者对中国国家形象的认知描述进行分析，共归纳为经济形象、文化形象、政府形象等五类。

表 5.4　消费者对中国国家形象的认知描述

经济形象	发达、繁荣、先进、发展速度快、巨大的国内市场、稳定、机遇、发展迅速、变化、市场极大、开放、占主导地位、蓬勃发展、有潜力、正在发展、现代惊人、有国际市场、受众年轻化
安全形象	安全、污染
文化形象	文化底蕴深厚、丰富的历史、有趣、多样性、美食、有历史、历史悠久、风景漂亮、地大物博、资源丰富、丰富的原材料、城市舒适、有吸引力的、很多历史名胜
政府形象	强大、政治稳定、勤勉、坚韧、严格的、友好、有远见的领导力、城市舒适、优秀的教育体系
国民形象	人民友善、人很多、拥挤、生活环境严酷、人们乐于助人、强大的劳动力量、时尚、生活方便、新颖

与上文对品牌形象的描述不同，消费者对国家形象的评价视角更宏观、更生动。受来华时间、国家地缘关系和消费者个人因素的影响，每个人对中国的关注点都很有独特性，综合来看有如下发现。

第一，文化成为消费者情感投射的主要出口。消费者对于国家的国民素质、价值观念、意识形态、文学艺术、文化礼仪等软性层面的感知，即不能量化和难以明确固化的形象因素构成的国家形象体系共同构成国家的文化形象。在谈到对中国国家的感知时，文化成为消费者普遍关注的认知。其中R36（阿富汗）从教育、经济和旅游三个角度描述了中国，而且他说：中国有很多历史名胜都非常值得去感受。R7（土耳其）提道：中国是个历史悠久的大国，它让我有一种平静、信任的感觉。另外，R29（罗马尼亚）用"历史悠久"、R21（印度）用"地大物博"、R6（马来西亚）用"丰富的历史"、R1（俄罗斯）用"文化底蕴深厚"等词来描述中国。

第二，消费者对中国发展呈现极大信心。多数消费者对中国的发展前景都持有乐观向上的态度。共15位访谈对象认为中国的经济在高速发展，"繁荣""更新""潜力无限"等词都表达了他们对中国发展的正面态度，其中，R12（尼泊尔）用"令人惊叹"形容当今中国的发展速度。此外，R33（巴基斯坦）和R37（斯里兰卡）在谈到经济发展时，都提到了技术层面的领先作用：技术的发展引领经济的快速扩张，中国俨然是世界最重要的经济力量。R6（韩国）在谈到这个问题时非常激动，他说：我对中国的感情非常深，自邓小平（1978）开辟新中国开放时期以来，中国就被称为"崛起的龙"。中国是一个发展迅速的国家，从历史的发展脉搏上看，它终将获得自己"龙的力量"。

第三，机遇与竞争共存描绘当代国民生活。访谈中的消费者中有很多有过在华生活的经历，因此他们在形容中国时会谈到很多在华生活和工作的状态。有机遇也有挑战，是当下中国国民的总体描述。R7（土耳其）认为：中国历史悠久，当下（中国）发展高速，这种复杂的环境对每个中国人以及外国人都带来非常多的机遇。

（三）品牌形象关联消费者国家认知

在本次调查中，将消费者提到的有关产品和品牌的相关词汇进行归类，并与国家形象联想的词汇进行对比分析，品牌形象与国家形象的对应关系包括产品形象可投射到国家的经济形象、安全形象和政府形象，在产品描述中有关"买得起""便宜"是一种购买行为中价格之于感知质量的评价。王海忠（2018）研究得出消费者倾向于把价格与产品质量等同，价格低于感知质量则形成一种"性价比高"的判断。

对于一国产品价格的衡量是对一国经济状态的映射，而对质量的信任可联结到国家安全的信任，如"便捷、实用"的产品购买体验是对国民生活状态的联想。企业形象可联想至国家的经济、安全和政府形象，"快速、强大"的发展空间与经济形象一致，"监管严格"是对国家管理的认可。市场表现反映一国的经济实力和政府形象，如"覆盖范围广""有潜力"可以透露出对中国政府和经济发展的信心。品牌个性影响对应文化形象、国民形象的感知，当前中国以"文化新国"的形象示人，多样、创新是新时代的文化面貌，"时尚""亲近"则代表了消费者心中中国人当前新颖、向上的生活态度。品牌文化渗透一国的文化形象和政府形象，消费者在这个表述中提到"高仿"，这仍然是中国品牌的现存问题，既是企业行为更是对政府管理的投射。消费者形象是国民形象的直接描绘，在品牌联想中消费者形象是一种身份认同感的需求，中国人以和为美、乐于助人的美好形象仍然是消费者心中的主要评价。

基于第三章心理学的认知图谱的理论支撑，本节用消费者的访谈内容探讨了品牌形象与国家形象的认知联想路径（见图5.7），印证了品牌之于国家形象的认知机理。这一步是将品牌和国家形象由整体形象拆解为不同要素的"分"而论之的过程，"分"是为了更加直观地厘清两者认知之间的心理层面的内在逻辑。将本节的研究发现丰富至第三章的理论机理的推导中，可获得完整的品牌建构国家形象认知机制。

国家形象具体表现为国际公众通过复杂的心理过滤机制对国家客观事实所形成的较为稳定的、概括性的感受和评价。完整的国家形象是消费者透过品牌所形成的经济形象、安全形象、文化形象等整合为一个概括性国家形象的过程。在消费者视角下，品牌的许多要素都与品牌所在的国家形象有非常紧密的关联。在品牌建构国家形象的机制中，消费者是国家形象的认知主体，国家形象是认知对象，而品牌则是信息媒介。

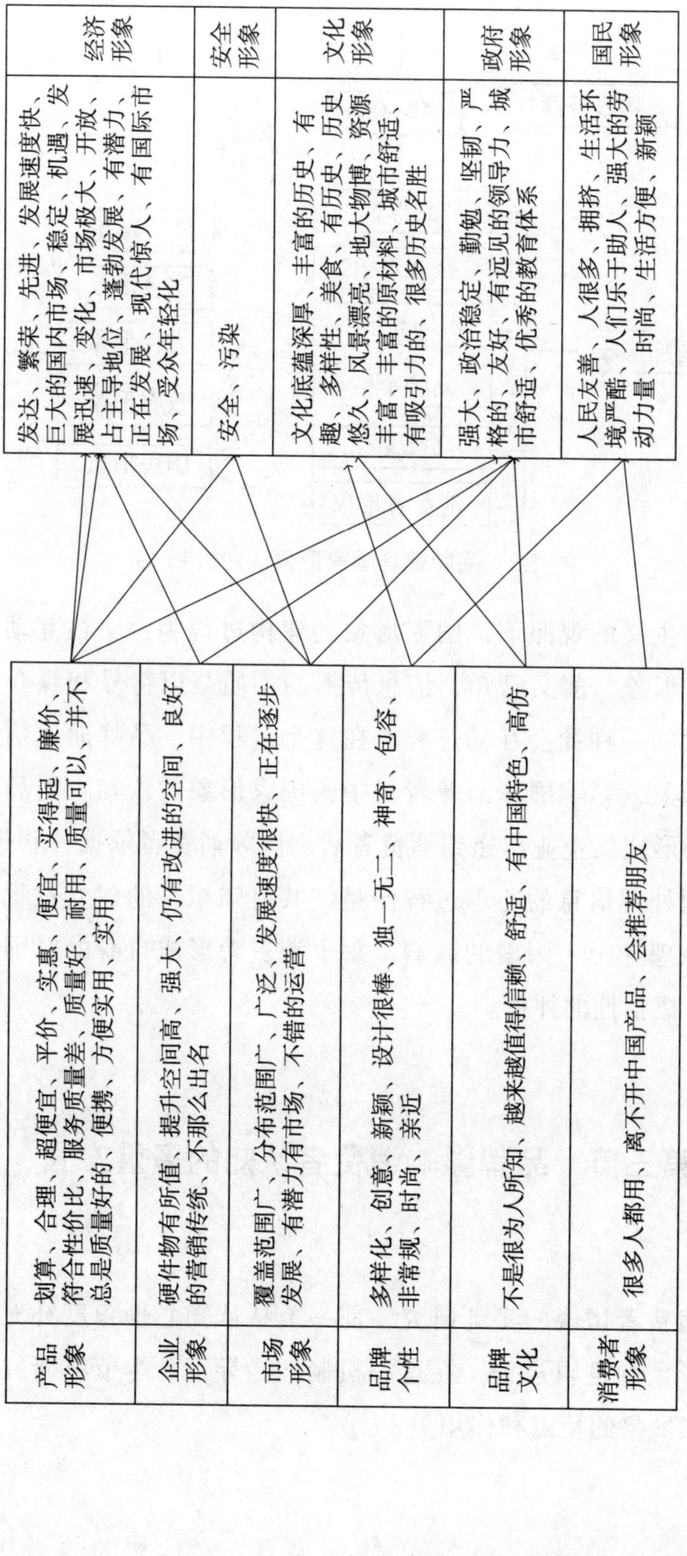

国家形象	认知属性
经济形象	发达、繁荣、先进、发展速度快、巨大的国内市场、稳定、机遇、发展迅速、市场极大、开放、占主导地位、市场变化、蓬勃发展、有潜力、正在发展、现代惊人、有国际市场、受众年轻化
安全形象	安全、污染
文化形象	文化底蕴深厚、丰富的历史、有趣、多样性、美食、地大物博、历史悠久、风景票亮、资源丰富、丰富的原材料、城市舒适、有吸引力的、很多历史名胜、有历史历史名胜
政府形象	强大、政治稳定、勤勉、坚韧、严格的、友好、有远见的领导力、城市舒适、优秀的教育体系
国民形象	人民友善、人很多、拥挤、生活环境严酷、人们乐于干助人、强大的劳动力量、时尚、生活方便、新颖

品牌形象	认知属性
产品形象	划算、合理、超便宜、平价、实惠、便宜、买得起、廉价、符合性价比、服务质量差、质量好、耐用、方便实用、并不、总是质量好的、便携、实用
企业形象	硬件物有所值、提升空间高、强大、仍有改进空间、良好、的营销传统、不那么出名
市场形象	覆盖范围广、分布范围广、广泛、发展速度很快、正在逐步、发展、有潜力有市场、不错的运营
品牌个性	多样化、创意、新颖、设计很棒、独一无二、神奇、包容、非常规、时尚、亲近
品牌文化	不是很为人所知、越来越被值得信赖、舒适、有中国特色、高仿
消费者形象	很多人都用、离不开中国产品、会推荐朋友

图 5.2 品牌形象与国家形象的认知关联

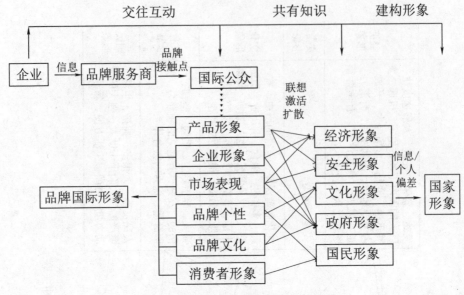

图 5.3　品牌建构国家形象认知机制

　　在建构主义的观照下，国家形象的建构过程为：交往互动—共有知识—国家形象。前文已知，信息传播的实质是以符号和媒介为载体而交流信息的一种社会互动过程。在这个过程中，品牌通过信息传递建构国家形象，影响国际消费者对中国国家形象的认知。当品牌要素以信息流的形式从企业传递到消费者后，国际消费者依据"联想扩散"的心理机制处理信息的心理过程便是"共有知识"的建立过程。受到认知透视原理和个人因素的影响，每个消费者形成自身的对国家形象的整体的、概括性的评价。

第三节　品牌影响消费者认知的多重方式

　　通过消费者访谈的实证研究，前一节从认知心理角度补充了品牌建构国家形象的逻辑过程，在这一机制的指导下，本节将研究中国品牌构建国家形象的特点和作用关系。

一、积累：基建品牌影响力含蓄却持久

基础设施建设在"一带一路"沿线国家的影响力最大，以央企为代表的行业龙头品牌更是通过众多海内外项目向世界展现当今的中国面貌。以高铁为重要代表的中国品牌在消费者心中获得了很高的评价。其中，R6（马来西亚）说：我坐过高铁，非常让人印象深刻。R15（乌克兰）认为：火车既舒适又快，比我们乌克兰的火车快了100倍。R34（巴基斯坦）提道：中国高速铁路拥有世界上最好的服务之一，我认为它非常棒。另一位R35（巴基斯坦）同样表达了对中国高铁的欣赏：我坐过很多次高铁，它节省了我非常多时间，是世界上最先进的交通工具。除了高铁之外，中国的建筑业、制造业、电力、热力、燃气等基础建设行业，为沿线国家的社会生产和居民生活提供最根本的公共服务，是保障社会长期稳定发展的重要基础。R7（土耳其）：中国的基础建设简直让我的生活质量大大提高。R21（印度）说道：中国建筑很有特色，以前觉得中国是发展中国家，现在感觉发展越来越好。这些紧扣消费者生活保障的基础行业品牌，从传统意义、产品的技术、性能、质量、设计、材质等方面都能够反映一国的技术能力、产业发展水平和经济能力，即能够体现国家的产业形象、经济形象、技术形象以及自然形象。R12（尼泊尔）谈道：中国的高铁一直在引领世界运输业的发展，它改变了公众的生活方式，并加速经济和社会的发展。即使如今我仍然对中国建筑的质量有些迟疑，但是（从）积极地角度看，这些问题都在不断地改进。

但基建品牌类产品，由于其耗时久、寿命长、更新迭代慢等特点，需要消费者经过大量的接触、使用甚至经年累月的产品体验才能得到一个稳定的评价。R27（巴基斯坦）说：我体验过中国高铁、建筑及国家电网，并且深入观察了这些领域的发展。中国在高铁、建筑以及电网方面的发展非常先进。它确实改变了我的生活，但是并不是一开始就改变的，（是）用了很长一段时间。现在来说，它是中国最有说服力的品牌之一，我相信它会改变每一个接触它的人对于中国的看法。R28

（印度）同样提到这些建设对自己的影响是经历了一个过程，他说：它们确实改变了我对中国的看法，但我说不出是什么时候改变我的，应该有几个月甚至更长，但是目前我对中国的看法大大改变了，我对这片土地的理解（也）更加深刻了。因此，通过基建品牌构建"负责任大国"是一项通过大量积累而达成的目标。而且很多时候，影响是来自他人的介绍或者推荐，例如，R19（蒙古）、R23（韩国）、R26（泰国）都没有直接体验过基建品牌，但是他们都提到了自己从身边的人或者朋友那里听说过，并且这些听说基本都是正面评价，而这些评价也慢慢地影响了他们对中国品牌甚至对中国整体形象的判断。

二、直接：科技品牌影响力快速而精准

以打造"数字强国"为目标，科技品牌从网络铺设、电子产品到电子商务的发展，是消费者日常接触多、使用频繁的品牌类别。43位消费者中有33位对中国科技类品牌表达出正向评价，"方便、快捷、实用"构成消费者的主体认知。其中，R10（马来西亚）提道：阿里巴巴提供给我们一个便捷又实惠的购物平台，腾讯让我们能在最快的时间内看到自己喜爱的节目，非常方便。R29（罗马尼亚）认为微信提高了她的生活品质：并且能随时与罗马尼亚的朋友视频、通话。R26（泰国）提到网络购物大大方便了居民的生活：（让）每个人都可以最高效、便捷的购物。R37（斯里兰卡）则提到华为的经济、实惠。多种产品满足了不同消费者的需要。

消费者能够通过高速的宽带、领先的电商模式领略中国先进的科技步伐，"质量保障、技术领先"构成品牌核心竞争力。R5（马来西亚）、R31（塔吉克斯坦）、R24（泰国）、R39（保加利亚）等都给出了高度评价，特别是R20（韩国）曾经在腾讯做过实习生，他从"内部人"视角看到了中国品牌的潜力和国际化趋势，他说：中国正在用可靠的质量征服世界。而R34（巴基斯坦）则是一位中国科技品牌的忠实消费者，他每天都在使用中国产品，他说：我对这一切都非常满意。

"创新"构成当今科技品牌的新形象。品牌是时代的标签，无论是

品牌形式（如名称、标识等），还是品牌的内涵（如品牌的个性、品牌形象等），都是特定客观社会经济环境条件下的特殊产物。社会的变化、时代的发展要求品牌的内涵和形式不断变化，经营品牌从某种意义上就是从商业、经济和社会文化的角度对这种变化的认识。品牌是以产品为载体的，离开了高质量的产品，品牌也就成了无本之木、无源之水。品牌创新最重要的是依靠技术创新，技术创新必然带来产品创新。近些年，中国科技品牌以产品创新和技术创新为基础，不断刷新国际消费者的认知和评价。R8（韩国）提道：中国的科技品牌可以用一个词来形容，那就是创新。它们专注于产品和管理体系的创新，以及技术层面的不断突破，我甚至可以预见它们未来的广阔发展。R30（伊朗）则对比了亚马逊，他说：与它相比中国的品牌更具有创新精神，更加灵活、丰富而且高效。

"社会责任"提升中国品牌美誉度。企业社会责任是基于商业运作必须符合可持续发展的想法，企业除了考虑自身的财政和经营状况外，也要加入其对社会和自然环境所造成的影响的考量。R32（巴基斯坦）感叹阿里巴巴的社会责任和世界贡献是中国品牌彰显对世界的博爱精神，代表了新一代中国品牌的理念和责任。他说：阿里巴巴让很多努力工作的年轻人获得机会，它是其他品牌的榜样。通过对阿里巴巴履行企业社会责任的研究发现，中国品牌首先履行对客户、员工和股东的最基本责任，同时，在责任履行过程中将各个利益相关者有机联系起来，使企业社会责任履行效果更显著，也更有意义。

由于科技类品牌与消费者日常生活使用率高、接触面广，很多消费者对于这类科技品牌的感受是直接而快速的，甚至通过一次华为手机的购买而感知到中国信息科技的发展。R13（巴拿马）说：体验几次我就爱上了淘宝，它很方便而且涵盖我生活的方方面面。R14（韩国）认为中国品牌的技术先进，使用方便，他说：接触一两次便让我对中国的发展感到认可，这说明中国的发展非常快。另外R23（韩国）来自"电子之国"——韩国，因此对电子类产品的购买非常挑剔，他曾一度认为中国的产品虽然便宜但是质量不好，但是用过华为平板电脑之后，他说：我马上改观了，原来中国的电子产品如此先进，性价比非常好。R26（泰国）通过网上购物、移动支付和一些电子产品的购买已经改变了对中国的看法，她认为：中国有足够的吸引力去扩展更加广阔的海外市场。可见，科技品牌对消费者的影响快速而直接。

三、渗透：文化品牌影响力潜移默化

管文虎主编的《国家形象论》中提出，支撑国家形象这座大厦的三大柱石包括：物质基石、制度支撑和精神烘托。清华大学何茂春在论述中国国家形象时指出，国家形象可以分物质形象和精神形象。前者指经济地位、综合国力，后者指公民素质和社会公德。在"一带一路"倡议提出以后，中国"经济强国"和"文化新国"的形象更加凸显，中国品牌和中国传统文化自然成为构成中国国家形象最具代表性的构成要素，其中蕴含的品牌故事和传统文化故事也是对外传播中极具吸引力的内容元素。

"民心相通"是"一带一路"倡议内容的重要一环，也是"一带一路"倡议可持续实施的重要保障。回顾历史，丝绸之路的畅通往往不因政治的封锁而阻断，这源于各国人民交流互通的需求所在。各国人民在交流中建立了广泛的联系，相互取长补短，互通有无，这也是古丝绸之路的真谛。历史证明，文化是磨合冲突的最好方式，也是体现一个国家力量的重要方面。从整体看，中国2017年文化产品和服务进出口总额为1265.1亿美元。"一带一路"沿线国家与中国的文化产品进出口贸易占比为18.1%。而美国等前五大市场的文化产品进出口贸易占比则达到55.9%。从局部看，2017年"一带一路"沿线国家与中国贸易额超过1万亿美元，而文化产品进出口额仅为176.2亿美元①。数据表明，"一带一路"文化贸易互融、互通空间巨大，潜力无限。在"一

---

① 刘强.推动"一带一路"文化创意的贸易交流与合作［EB/OL］.中国文化研究网，2018-11-29.

带一路"沿线国家的文化输出过程中，中国以文化软实力辐射区域具有先天的优势条件，也是增加国力、提升国家形象的良好契机，中国"文化新国"的形象更加凸显。

英国学者迈克·费瑟斯通（Mike Featherstone）认为，品牌文化作为一种典型的消费文化，能以其独特的方式为消费者制造更高层次的精神享受。R8（韩国）谈道：中国文化博大精深，它有一种神秘的魅力吸引我，让我愿意花更多的时间去了解中国的过去和现在。文化品牌以打造"文明新国"为目标，通过各种形式的展览、文艺作品、影视作品等向异国消费者传递我国的文化精髓。R2（越南）认为：中国近几年的影视拍摄已经逐渐接近国际一流行列，有一些像《战狼2》这样印象深刻的作品，既有票房又体现民族精神。R7（土耳其）认为：中国一些老电影更能拍出中国特色，但是从文化的接收上还是当下的电影更符合。R10（马来西亚）谈道：中国的文化通过各种形式传播到世界各地，这在很大程度上让我关注中国的发展。作为文化传输的重要桥梁的孔子学院自然也受到消费者的普遍关注，R27（巴基斯坦）对孔子学院非常熟悉，认为：它在传播中国文化上有极大的影响力。R28（印度）提道：孔夫子的形象给人们的生活带来了积极向上的力量，增加了人们的幸福感和成就感。R32（巴基斯坦）认为：孔子学院是连接中国文化和世界文化的重要媒介。综上可见，文化"软实力"代表着一国文化在世界范围被感知的深度和广度，消费者对文化的理解和感悟是潜移默化的。

第四节　品牌建构国家形象存在交互影响

一、三类品牌认知联想对比分析

（一）本次调查对消费者认知情况的访谈共涉及三个维度

对于本次调查有关消费者认知情况，在中国品牌形象的认知联想中，科技品牌呈现单品牌优势和产业集群优势，文化品牌成为认知补充，基建品牌提及甚少；在对中国国家形象的认知调查中，消费者更乐于从文化角度解读中国，基建领域也具有一定影响力，但是科技行业却提及甚少；在对"一带一路"认知度访谈中，基础设施异军突起成为最受关注最有影响力的品牌，文化和科技品牌占比较少。基于前文对43名被访者的内容分析，总结归纳出消费者的认知联想程度并制成下图：

图5.4　消费者认知联想强弱示意图

（二）纵向分析

首先，基建品牌在"一带一路"语境下企业影响力显著，其中包含政策的推动和企业资本的较量。但是在脱离这个倡议语境时，品牌影响力虽然有一定的发展之势，但是由于基建品牌的行业特性大多为To B 的企业，与C 端的直接接触较少，很难形成有效的品牌联想和国家联想。访谈中 R11（保加利亚）说：基建领域我很难叫出品牌，但是我知道它们都非常好。R18（乌克兰）也有相似观点，他说：我应该体验过它们的产品和服务，但是很遗憾我没有太注意它们的品牌。除此之外，基建品牌在品牌建设上也有一些问题需要改进，一方面是服务水平较为滞后，R14（韩国）提到中国的基建品牌发展非常快，技术已经到达国际一流的水平，但是他也说：服务方便却没有提高上来，两者明显不在一个水平上。另一方面，在追求"中国速度"的同时，"工程质量"需要进一步给予消费者信心。R24（泰国）说到中国的建筑和许多基础建设工程都非常漂亮，由于自己的先生是工程师，知道工程图纸需要做到非常精致准确才能动工，但是中国很多是边施工边改图纸，她说：（这样会）导致我对某些工程质量持观望态度。综上，基建品牌应该借助"一带一路"倡议的推进，将提升国际知名度和美誉度作为品牌国际化的重点，并积极修正不足，以广大的品质保障的优秀产品为依托，传递中国"负责任大国"形象。

其次，科技品牌是中国品牌认知的代表性品牌，品牌联想远远多于文化品牌与基建品牌。在"一带一路"倡议的认知中，科技品牌凭借强大的技术和产品优势，已经占领了部分消费者心智。但是由于科技产品大多为消费者日常生活的消费品类，与消费者的品牌关系建立紧密却也微观，很难与国家形象这种宏观的视角有关联。例如，R25（新加坡）肯定了科技品牌的国际影响力，那些品牌及服务让人印象深刻，但是很遗憾我可能要通过更多次的使用才能改变对中国的看法。R18（乌克兰）也说：我用华为很多年了，现在也经常使用微信，但是我对中国的看法还没有变化。除了在国家形象的认知联想中不够紧密外，科技品牌自身也存有一定让消费者疑问的地方。R11（保加利亚）就提到了微信在提供生活便利的同时，也让他有一种被束缚的感觉，他说：微信远远超出了我预期的使用频率，我的生活被动地与它密不可分。R33（巴基斯坦）则提到了中国品牌发展不均的问题：大品牌在努力制造优秀的品牌形象，但是仍有很多小企业仍然在销售质量不佳的产品。综上，科技品牌应该继续发挥其品牌国际影响力，塑造引领行业发展的品牌形象，并带动中小企业齐头发展。同时发挥"一带一路"倡议的贸易优势，以"数字强国"为塑造国家形象的目标，加强国家形象的建设与传播。

再次，文化品牌在国家形象联想中最具优势。消费者在提到中国时常常会联想到中国的文化建设。而在"一带一路"认知中，文化的联想出于中等程度。R24（泰国）认为"一带一路"在很大程度上促进了经济的发展，也非常有利于中国文化软实力的传播，这是中国发展的新契机。她说：中国正在世界各地建立自己新的品牌形象，输出更多的思想与文化，这是提升中国国际影响力的重要方式。R3（马来西亚）提到，中国把教育带到世界各地：让国际受众更加深入地了解中国，这是文化发展的重要使命。在中国品牌认知联想中，文化品牌在消费者心中有一定的认知基础，但缺少更有力的举措将这些认知激发为更为强势的认知联想。

　　总体说来，文化品牌需要借力国家形象的背书，重点将"文化新国"的形象注入文化传播中，并在"一带一路"和中国品牌形象的建设中增加重要的营销事件以激发消费者形成强有力的记忆。例如，一些中国企业借赞助和参与国际性盛会，策划优质内容，成功将盛会的关注度引流到企业的社交账号上。

　　如阿里巴巴（@Alibaba Group）作为2018年奥运全球TOP合作伙伴，提出了"相信小的伟大"的奥运口号，将肯尼亚一群冰球少年冲破社会阻力，通过不懈努力追求冰球梦想的真实故事搬上了荧幕，并邀请这些肯尼亚冰球队队员前往韩国冬奥会观摩真正的奥运冰球比赛，向公众传递"梦想从来没有太大！阿里巴巴助力奥运，关注平凡的每个人"的企业责任和奥运精神。阿里巴巴《小的伟大》奥运主题宣传片在网上获得百万次播放，与用户产生情感共鸣。

　　此外，联想（@Lenovo）参加2018世界移动通信大会MWC期间，在Face book上发布22条相关贴文、Twitter上发布27条推文，展示会场图片、视频和企业展品，其中单条视频的最高播放量达到515114次，近半数帖文互动量达10000以上，成功将线下的热度引流企业账号[①]。

二、三类品牌交互影响方式

　　在建构主义视域下，基建品牌、科技品牌和文化品牌，在品牌认知、国家形象认知和"一带一路"认知联想上各有所长，打造了负责

---

① 艾利艾智库.中国品牌企业海外形象传播观察 [EB/OL]. 搜狐网，2018–05–28.

任大国、数字强国、文化新国的国家形象，并分别以积累、直接、渗透三种作用方式影响消费者的综合感知。那么如何利用三类品牌各自优势，带动其他类别品牌联动发展？下文将重点探讨三类品牌彼此支撑、相互扶持的效应关系，旨在最大化品牌建构国家形象的综合作用。

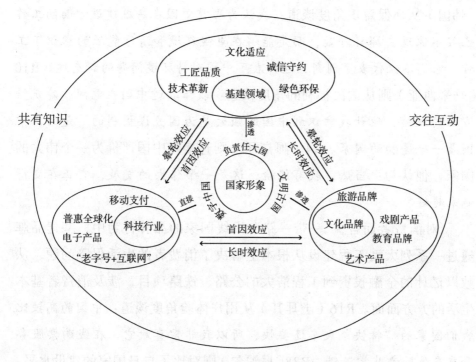

图 5.5　品牌建构中国国家形象交互作用机制

首先，基建品牌对其他品牌产生晕轮效应。晕轮效应最早是由爱德华·桑代克（Thorndike）在 20 世纪 20 年代提出，是指人们在认识新的人及事物时，通常从被评价的人或物所具有的某些特征或某个方面出发泛化到其他一系列的特征或方面，也就是从已经知道的推及到不知道的，从局部信息出发，推断形成一个完整的印象①。品牌的晕轮效应表现为，消费者对某品牌产生情感和信任，会通过记忆联想网络对相关品牌产生联想，并将初始印象联结到其他相关品牌上。中国

① Thomas Hugh Feeley.Comment on halo effects in rating and evaluation research. [J]Human Communication Research，2002，28(4):578–586.

基建品牌在"一带一路"沿线国家的国际化进程中，展现出"中国质量""中国担当"等让世界赞叹的新面貌，并从多个角度建构中国"负责任大国"形象。R1（俄罗斯）从国家调控角度说：我非常喜欢中国"一带一路"这个倡议，也非常认可中国在支持小企业发展的方式。R8（韩国）从环保意识角度谈道：我认为当前中国在基础建设方面的工作已经不像过去那样野蛮，而是能够在重视环境和清洁能源的意识下工作，它们不仅代表了创新，也代表了中国对待环境问题的新态度。R10（马来西亚）则从国民福利的角度谈道：我体验过中国在电网、建筑等方面的成绩，他让我意识到中国的强大是为国民谋福利的。是的，中国是一个蓬勃的国家。R4（阿富汗）则直接将中国评价为一个伟大的国家，他认为：当然，我有经验，这是一个伟大的发展，它正在变得越来越好。

对消费者而言，"一带一路"沿线国家的品牌行为中，基建品牌通过一系列大型工程建设从根本上解决了消费者的生活保障问题，从数以亿计的金融投资到工程浩大的公路、铁路项目，涉及消费者基本生活的方方面面。R16（土耳其）从用户体验角度谈道：中国的高铁比我们国家的"特快"火车还要快，所以我非常喜欢它，在线购票服务和乘车体验都非常不错。R38（尼泊尔）则对比了自身国家的建设水平，提出：我的国家没有高速铁路，我真的很喜欢中国，这里的国家建设和国家电网公司是高速发展的象征。R20（韩国）评价道：高铁是中国政府长久以来持续性投资量浩大的项目，在全球范围内也属于震撼人心的工程。这一印象会借由其广大的影响力，借助"晕轮效应"在消费者心中形成品牌背书，透射到中国其他品牌的认知上。

其次，科技品牌对其他品牌产生首因效应。首因效应是由美国心理学家洛钦斯（A.S.Luchins）提出的传播心理学概念，指当人们第一次与某物或某人相接触时会留下深刻印象①。个体在社会认知过程中，

---

① 李沙沙. 首因效应与品牌再造：以加多宝整合营销策略为例 [J]. 新闻世界，2012（10）：109–110.

会通过"第一印象"产生先入为主的判断，继而影响对客体的认知。"一带一路一网"的倡议思想是将中国作为世界第二大经济体对全世界的一种担当和责任。阿里巴巴（中国）有限公司、腾讯控股有限公司、京东集团等企业不断地将"中国产品""中国创造"带到沿线各国，促进当地经济发展，助力中国品牌国际化进程，而这个形象已被很多消费者用"世界顶级""最有影响力"等词语描述。R1（俄罗斯）认为华为是中国影响力最高的品牌，甚至是全世界影响力最大的品牌，他说：中国的发达、领先远远超出我的想象。R12（尼泊尔）也提道：华为是我现在使用的最好的手机，它们显然是中国甚至全世界有名的品牌。而 R6（马来西亚）则用"顶级"品牌评价华为和微信。R28（印度）认为中国品牌：引领了世界的科技革命，影响了世界范围的进步。科技品牌充分展现了中国互联网企业领先国际的发展水平，打造了一个战略深远、技术领先、模式创新的"数字中国"形象。

以华为为代表的科技类品牌作为三大类别中消费品比例最大的品牌，相对而言，更容易被消费者接触，且产品的流动性高，品牌传播方式更加灵活。华为公开数据显示，2017年华为销售收入可达2360亿元，同比增长近30%。华为与荣耀品牌智能手机全年发货1.53亿台，全球份额突破10%，稳居全球前三，仅次于三星与苹果[①]。结合本次调查，43位被访者中有22人提到中国品牌便想到华为，而消费者提及的41个111次中国品牌（包括误认为中国品牌的他国品牌），居于华为之后被提及最多的品牌是小米、阿里巴巴、腾讯、淘宝、OPPO、联想、微信等。在消费者心中，中国的科技产业已拥有一批强势品牌，他们从多个品类共同影响消费者认知，形成产业优势。总而言之，科技品牌在很大程度上会成为消费者最广泛接触的中国品牌，更容易占据消费者心中"第一"的位置，它的用户评价将通过"首因效应"影响消费者对其他品牌的判断。

---

① 杜峰. 销售收入破6000亿三十而立的华为引领全球方向 [N]. 通信信息报，2018 –01–19（A05）.

　　再次，文化品牌对其他品牌产生长时记忆效应。艾宾浩斯（Ebbinghaus）将实验法引入人类记忆的研究，发现人类记忆分为短时记忆和长时记忆。长时记忆中信息具有快速可靠的提取和存储能力，经过反复接触和深度理解而形成的长时记忆，能够优先从大脑记忆模块中被激活。长时记忆的特点是在信息提取过程中准确联结相关信息，并在旧有信息基础上继续吸收新信息，再继续深化理解、感知，循环往复，最终形成一个长时记忆网络。文化品牌需要消费者投入较多的关注和理解，进而形成长时记忆，即文化可以作为软实力对消费者产生潜移默化的影响。文化产品通过思想的渗透而影响消费者对国家形象的认知。例如，R3（马来西亚）提到了自己受爸爸的影响，从小就对中国文化感兴趣，他说他爸爸会带山东的花生、西湖的龙井回家里，而且还经常带家人到中国旅游，桂林、上海、广州他都去过：中国文化底蕴非常深厚，它古老的一面、新颖的一面我都非常感兴趣。R11（保加利亚）也提到自己数年前的一件事：我曾经买过包装上印了某个上海女性头像的化妆品作为礼物送给家乡的朋友，他们觉得那很可爱，从那以后我和我的朋友们都爱上了中国。消费者深度记忆中的中国文化，会成为一种信息补充渠道，包括国家的经济实力、文化特色、艺术氛围、国民素质等，通过长时记忆影响消费者对其他中国品牌的认知。

第六章　中国品牌提升国家形象三维路径

　　品牌是输出国家形象的重要途径。2014年，习近平总书记提出中国制造向中国创造转变，中国速度向中国质量转变，中国产品向中国品牌转变的方针。2016年5月，国务院办公厅发布文件，要求发挥品牌的引领作用，助推中国经济结构性改革一臂之力，品牌战略已上升为国家战略。可以说，今天中国经济的发展，比任何时候都需要一批能够在国际市场上代表中国来参与商业竞争、进行文化交流的民族品牌。随着中国品牌"走出去"的步伐越来越快，品牌与国家形象之间的关系愈发紧密。品牌的发展是国家提升国际竞争力，塑造国家形象的客观需要；国家形象的认同是品牌塑造品牌形象，获取海外消费者信任，取得竞争优势的内在选择。本章基于品牌建构中国国家形象影响因素的三层视角，总结中国品牌建构国家形象的问题与挑战，并形成解决问题的提升品牌建构中国国家形象的三维路径。

第一节　中国品牌建构国家形象问题与挑战

　　品牌与国家形象互利共生、相互依存。品牌是非国家行为体，在海外发展有较好的接受度，在国家形象塑造上更能够起到认知补充、情感迁移和态度改变等作用。良好的品牌来源国形象能够帮助品牌获得优势地位，保持品牌的持续性发展。但是品牌国际化经验缺乏、国际传播体系欠缺、国际环境复杂等问题也可能给品牌塑造国家形象带来阻碍。品牌建构中国国家形象，将这个建构过程放置在"一带一路"这个大场域中，其影响因素可以分为三个层次。一是企业自身打造品牌价值的基础能力不足，二是品牌国际化传播渠道局限，三是国家层面政治、经济相关的负面影响等。

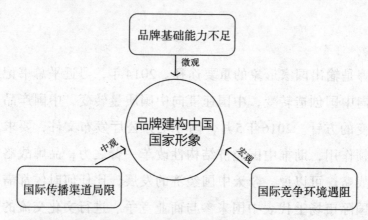

图 6.1　品牌建构中国国家形象的影响因素分析的三维视角

一、企业层面：品牌建设能力仍需加强

（一）软实力建设相对薄弱

企业软实力旨在倡导海外的中国品牌善用文化与情感获取当地消费者的喜爱、信任与尊重[①]。如同消费者能够从迪奥、香奈儿、爱马仕的风格感受到法国的浪漫与奢华；从普拉达、范思哲、芬迪的设计感受到意大利的激情和创意；从巴宝莉和劳斯莱斯感受到英国的优雅与传统；从无印良品、优衣库感受到日本的简洁与自律。谈到这些品牌时，除了产品层面的技术、做工和细节之外，即使不能清楚地解释这些品牌的哪些元素能够与国家形象发生具体的关联，消费者也能从感

---

① 冯晞."一带一路"与中企软实力："一带一路"年度报告从愿景到行动 [M]. 北京：商务印书馆，2016：101.

知和经验上推理出国家的气质、风格与理念。这种品牌感受与国家评价的一致性，来自品牌理念、文化对国家形象的反映，即品牌软实力的影响。根据前文对"一带一路"中国品牌发展现状的研究以及对消费者访谈发现，"中国速度""中国效率""中国技术""中国质量"等评价仍然围绕在品牌的硬实力范畴。未来中国品牌需要让消费者在感受品牌资金资源的实力之外，还能获取到品牌背后所代表的文化诉求与民族精神。

（二）危机公关应对能力不足

中国品牌在进行海外市场拓展时，危机事件的处理方式直接影响品牌在当地公众心中的形象。危机公关有两个维度：行动维度和传播维度。真正专业的危机公共关系策略，是以社会责任参与和基于事实的传播来进行舆论引导和形象修复。就现状而言，中国品牌在危机公关的处理能力有很大不足。孔子学院作为文化交流的代表性品牌，在"一带一路"沿线 51 个国家已开设 134 所孔子学院[①]，促进了中国文化在国际社会的交往互动。但是由于意识形态、地缘政治等方面因素，也受到不少质疑，如同很多在海外发展的中国品牌，孔子学院虽然也在很多媒体发表立场，但是内容倾向于发布保守、温和的话题内容，对于境外媒体提出的质疑、指责、批评等具有争议性的话题都缺乏有效回应，导致海外受众在缺乏了解甚至对企业产生质疑时，无法第一时间得到解答，从而更容易被外媒错误引导，造成企业形象受损。

二、传播层面：国际化传播体系尚未成熟

在国家形象的"形塑"过程中，国家被视为一个被感知的客体，品牌在"形塑"国家形象时发挥着重要作用。品牌的国际化传播是作为客体的国家与作为接受者的公众对国家形象进行感知的重要桥梁。现代品牌的本质是在消费者和产品之间建立密切的关系，深度关系的

---

① 杨毅. 让汉语之花绚丽绽放 [N]. 人民日报，2017-05-15（13）.

构筑只有通过有效的传播才能建立起来。在传播层面，中国品牌在国际化传播中还有一些问题。

第一，整体传播布局不完善。据艾利艾智库研究，以社交媒体为代表的微传播已经成为全球主流的传播方式，中国企业纷纷选择Facebook（脸书）和Twitter（推特）等主流社交媒体作为海外传播的第一着陆点。但已经布局海外社交媒体的中国企业仍然占少数，特别是一些在自身产品已经在全球范围内有一定影响力的企业，缺少对外主动传播，缺乏塑造品牌形象、与海外公众互动以及突发事件回应的渠道。整体来看，中国企业的海外社交媒体布局尚待完善。

第二，海外社会责任展示不足。中国企业在主动发布的信息中，以企业自我介绍的自述性文章居多。在海外建厂、投资并购前后，海外媒体更多的是客观报道，缺少体现企业社会责任方面的内容。中国企业在履行海外社会责任的工作更多体现在线下，信息披露不足，缺乏系统性、战略性，拖累企业品牌美誉度。

第三，忽视传播技巧和细节在运营海外社交媒体过程中，中国企业往往会忽视一些细节，导致内容推广效果欠佳。一是舆论场活跃时间差异。企业在推送信息时对海外舆论场特性考虑较少，忽略了用户活跃时段。二是语言风格不同。除特别策划的营销活动外，中国企业日常推送的内容多以企业动向类信息为主，语言风格缺乏亲和力，不太"接地气"，不符合社交媒体的语言风格。三是账号信息完整度不够。一些企业社交媒体账号头像的识别度较低、企业信息介绍不完整或仍然只有中文介绍等问题。

三、国家层面：国际竞争环境伴随不利影响

（一）刻板印象带来负面背书

国际品牌的背书是文化，教育、修养是人们的生活方式，是国家形象。科特勒在谈中国品牌的出路时认为："在每个基础市场背后，都有一个品牌的原产国。原产国必须有一种独一无二的力量去支持企业

和该国的品牌。"① 过去三十年里，"中国制造"仿佛成了代表中国所有品牌的最大印象，R24（泰国）谈道：虽然中国产品很好，但是中国产品总是带有廉价的感觉，所以不太买中国品牌。R12（尼泊尔）提道：中国产品的质量非常不稳定，可能好也可能不好，目前还无法对中国品牌抱有完全的信任。另外有一些受访者分别用"粗制滥造""假冒伪劣""廉价低质"等负面词汇评价中国品牌。这些刻板印象对品牌重新塑造国家形象带来了阻碍，也为未来品牌的国际化进程提出了更高的要求。

尽管我国品牌塑造已经初见成效，越来越多的品牌也已受到国际社会的认可，但是"中国制造"带来的负面影响仍然存在。究其原因，我国对外传播体制的不健全也是导致国际社会"误读"的一个重要原因。一方面，我国的新闻传播机构缺少国际影响力，全球话语权的设置主要掌握在以英语、德语和法语为基础的几个西方强国的手中，其中尤其以美国、英国、德国、法国等国家构成了影响世界话语权的一级国家。相比而言，我国媒体的话语权处于劣势，无法为自己发声。王秀丽、韩纲在对美国主流媒体报道的研究发现："中国制造"的形象恶化与产品质量之间关系不显著。换句话说，中国玩具被召回的原因是设计问题而非质量问题，更值得注意的是同期召回的玩具中非中国制造的数量远远超过中国制造②。另一方面，我国尚未建立一个符合当今社会审美的"新形象"，在国际传播中无法获得有效重视。米尔顿·科特勒（Milton Kotler）评价，"中国仍然沿用着旧中国历史文化悠久的品牌形象，而与新技术、生活质量、娱乐和时尚脱节"③，虽然古老的中国带给国际社会一个文化古国的正面形象，但是也阻碍了他们迎接新中国的机会。无法感受到中国当前的现代化水平、强大的经济实力，优质的国民素养、美好的生活环境，便无法描绘一个"与时俱进，引领世界"的新中国。如此，对品牌塑造中国国家形象带来了一

① 米尔顿·科特勒.中国品牌的根本出路［J］.新营销（桂林），2009（8）：14-15.

② 王秀丽，韩纲."中国制造"与国家形象传播：美国主流媒体报道年内容分析[J].国际新闻界，2010（9）：53.

③ 米尔顿·科特勒.中国国家品牌缺失的原因何在[J].IT时代周刊，2009（5）60-61.

定程度的阻碍。

（二）文化差异成为认知阻碍

影响品牌建构国家形象的另一重要因素是文化的差异与冲突，这涉及两个层面的文化输出。首先，当中国品牌进入某个国家后，可能会产生以并购为主的商业行为，对于两个完全不同文化背景下组合而成的企业，文化的冲突更隐蔽。那么就涉及混合文化的品牌管理模式，如何将国际化和本土化做一个良好的调节，根据当地文化，创新再造企业内部管理制度，是快速打开当地市场的重点。其次，品牌的引入影响着消费文化的改变。由于沿线国家的政治、经济、社会环境复杂多变，行业标准、商业规则、法律法规等千差万别，对品牌自身的管理能力和应变能力有很高要求。消费者对外来文化有一个适应过程，当地消费者对品牌也有一个了解、认知、认同的过程，这不仅是一种经济行为，而且也是一种文化行为。大多品牌都是沿循着从国内到国外的路径，如何将带有鲜明国内文化和特色的品牌，已发展为适应全球市场的品牌是中国品牌必修课。

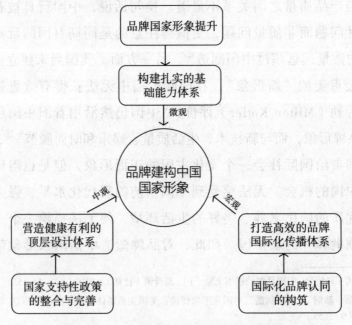

图 6.2　中国品牌提升国家形象三维路径

综上，本书以中国品牌在"一带一路"的发展现状为基础，结合中国品牌面向海外市场品牌传播与国家形象传播的过程，从企业、传播、国家三个层面分析了中国品牌建构国家形象的问题，形成了解决中国品牌建构国家形象的分析框架与路径指向——提升品牌建构中国国家形象的三维路径。其中，微观企业层面，中国品牌需要构建扎实的基础能力体系，以增强品牌建构国家形象的柔性力量；中观传播层面，中国品牌需要打造高效的品牌国际化传播体系，以构筑国家形象的国际认同；宏观政策层面，中国品牌需要促进健康有利的顶层设计体系，以整合与完善国家的支持性政策。

第二节　路径一：品牌层面构建扎实的基础能力体系

一、提升中国品牌管理能力四点建议

首先，建立长远的品牌发展规划。"一带一路"倡议的扎实推进为中国品牌开拓了新的海外市场。2016年1—9月，我国与"一带一路"沿线国家签署的工程类合同占同期总合同数的50.4%[①]。中央企业、国有企业等大型企业承担起以基础建设为主的重大海外投资项目，也带动了相当一批民营企业借势出海，寻找新的市场和资源。由于多重历史原因，我国整体品牌建设水平相对落后，缺乏长远规划与管理能力。在国际社会留下了对中国品牌诸如"粗制滥造""缺少安全感""销售至上"等负面形象。重庆工商大学梅洪常教授建议，在"一带一路"建设背景下，企业战略不再意味着在竞争中牺牲部分利益获取全局性和根本性利益，而是要把竞争或间接竞争关系改变为合作关系，是要

---

① 中国人民大学"一带一路"建设进展课题组.坚持规划引领、有序务实推进："一带一路"建设三周年进展报告［R］.北京：中国人民大学重阳金融研究院，2016.

在一个平等互信、互利合作的原则下共建、共享、共赢①。这要求中国品牌在出海"一带一路"沿线国家时，更要注重品牌对国家形象的修复作用，围绕当前中国的新形象、新面貌建立长远的品牌发展规划。制定长远品牌战略规划，需要找准品牌自身与国家形象的相关性，进而确定品牌建构国家形象的定位、目标和传播策略。同时，在执行时要把该战略纳入品牌的整体战略规划中，并通过对时间的制定和设计，保证品牌核心团队有充分的时间对所涉问题进行探讨和研究，还需要注重高管团队组合的多样性，以确保日常经营与国家形象战略管理的平衡性②。

其次，秉承国际认同的商业价值观。品牌的最高境界是信仰，即消费者对品牌价值观的认同。"诚信、责任、创新、公平、公开"是受到国际认可的商业价值观，只有秉承这些被世界范围接受的商业伦理，品牌才能走得更远。例如，美国的 Facebook 网站，它以"让世界更加开放，更加紧密相连"为品牌理念，面向世界建立一种人与人最公开、紧密的沟通平台；维基百科（Wikipedia）以"为全人类提供一个自由的百科全书"为理念，以中立、平等的视角普及知识；硅谷的创新神话建立在"对失败的极度宽容"的价值观之上。另外，日本对产品品质和社会责任的民族信念，韩国对家庭、对爱的朴实情怀等都是其他国家能够赢得国际认可的思想根源。而中国作为五千年历史文明的文化大国，"不疏贵贱，一断于公""礼法共治，德行合一""敬业乐群，唯精唯一""诚者天道，言信行果""上善若水，仁者爱人""不偏不易，中正和合"分别对应了公平、法制、敬业、诚信、友善、和谐等我国自古传承的核心价值观，与国际认可的商业价值观是一致的。中国品牌向"一带一路"沿线地区推进，更应该恪守信条，通过品牌传递我国优秀的民族精神。

---

① 刘迪，张志菲，姜海云."一带一路"建设与中国企业管理国际化 [J]. 经济管理，2018（3）.
② 埃森哲中国卓越绩效研究院.行百里，半九十：中国企业通往国际竞争之路 [R]// 王志乐.2012走向世界的中国跨国公司 [M]. 北京：中国经济出版社，2012.

　　再次，推崇自主创新生态体系。2018年11月4日，习近平总书记在"一带一路"国际科学组织联盟成立大会暨第二届"一带一路"科技创新国际研讨会的致贺信上讲到，"希望各国科学界携手并肩，共同努力，发挥好'一带一路'国际科学组织联盟的平台作用，加强科技创新政策和发展战略的对接，开展重大科技合作，培养创新创业人才，提升科技创新能力，为促进民心相通和经济社会可持续发展，为推动建设绿色之路、创新之路，为推动构建人类命运共同体做出重要贡献"①，旨在加强在以互联网、高精科技、人工智能等前沿技术的创新发展，建设21世纪的数字丝绸之路。加强自主创新能力是我国品牌面向未来竞争的重要课题。目前学界、业界对自主创新的内涵、外延有很多研究，虽未有统一定论但核心都是推崇"知识产权"的主导化、创新化、体系化。一带一路"建设可覆盖全球接近70%的人口，目前已包括71个国家和地区，庞大的市场包含着多种多样的细分需求和技术条件，带来众多技术创新的要求和机会。建设自主创新体系，即建设从创新意识、创新体制到创新模式的三位一体的生态系统。

　　最后，增强风险意识，规避品牌负面溢出效应。"一带一路"倡议作为一项经济发展规划，与品牌的关系密不可分。中国品牌同沿线国家企业之间进行合作，也面临着一系列风险。由于企业作为一种经济实体，盈利是首要目标，因此沿线国家企业能否保持良好的品质和诚信，能否得到当地消费者的认可，对于"一带一路"的顺利建设意义重大。一旦出现信任危机或者品质问题，便会严重影响到"一带一路"沿线地区对中国国家形象的评价。这是因为，人往往会更多地注意负面的信息和事物，并且强化这种体验，这种负面信息的影响力要比正面信息多很多。因此，在社会传播的评价信息里，负面信息往往比例很高。品牌丑闻的溢出现象在营销领域的研究中已经普遍存在。品牌丑闻会引起消费者的极大关注，马丁（Martin，2007）提出品牌丑闻

---

① 中国科学院."一带一路"国际科学组织联盟成立大会暨第二届"一带一路"科技创新国际研讨会在京举行［EB/OL］.中国科学院网站，2018-11-05.

溢出发生后，消费者会对品牌的来源国变得异常敏感，而且会积极搜索该品牌的来源国，由此激发他们对国家形象构成要素的联想[1]。当某国某品牌发生丑闻事件后，不仅影响消费者对该国其他同行品牌的质量信念，也会影响消费者对品牌来源国的认知和评价。因此，品牌要提升中国国家形象，要注意规避此类风险。需要做到加强行业自律，优化"国家—产品类别"形象；加强制度管理，提高政府的监管职能；促进文化交流，引导消费者的建立积极的情感认同。

二、经典案例：华为，以品牌导向实现企业变革

华为公司是中国现代制造业的标志性品牌，也是国际通信设备制造的领跑者。2017年，华为以203.88亿美元的品牌价值再次入选"Brand Z 全球最具价值品牌榜百强榜"，排名从2015年的第70位提升至第49位；在2017"一带一路"建设影响力企业中排名第八位。

（一）华为品牌建设主要特点

1.以文化推广品牌，注重品牌与业务的融合

华为公司崇尚的观念是"品牌是打出来的，要将华为企业精神与业务品牌形成优势互补"。华为强调品牌、营销与销售三者协同，共同以客户为中心，实现商业目标。任正非在《华为价值观搭载与传播策划》文中明确界定：泛网络业务主打"品牌厚度"，做厚百万级泛网络用户（运营商、行业）的忠诚度；消费者业务主打"品牌宽度"，覆盖十亿级消费者，提升知名度和偏好度；企业精神则主导"品牌高度"，以获得数万精英受众（政府、媒体、学术、科研、协会等社会精英）的战略信任与价值认同。业务、文化互补，厚度、宽度、高度并举，华为的"品牌三度论"清晰、准确，凸显精神内涵对于品牌塑造的重要意义。

2.科学开展品牌规划，注重品牌顶层设计

华为注重调研为先导，科学开展品牌战略规划。为推进华为公司的管理与世界级的管理接轨，从而有效进入国际市场，多年来，华为

---

[1] Martin. A.U.S.Made Toys Benefit from China's Troubles[N].The NewYork Times,2007.

不惜重金聘请世界著名咨询公司，如 IBM、PWC、HayGroup、Accenture 等，长期为公司提供咨询服务，包括重塑管理流程、建立现代管理模式等。本节资料来源均为企业内部数据。

华为分析了未来3~5年行业发展趋势及客户需求，提出了"共建全连接世界"的品牌定位以及落地愿景。

3.实施单一品牌战略，注重 B2B 与 B2C 业务区分设计

对于做品牌这件事，华为选择了最难的一条路：从 B2B 到 B2C，从"白牌"到自有品牌，从低端品牌到全球高端品牌。原来的华为主要做 B2B 业务，随着 B2C 业务的发展，现在其也在思考和研究 B2B 与 B2C 业务分开进行品牌规划。华为实施单一品牌战略，因为系列分支发展越多，要提升产品辨识度就越难。而对于荣耀，更多的是尝试。

4.具备完善的品牌管理体系，注重上下协同机制

华为公司明确了品牌相关组织与职责设置，品牌战略决策方面由公司董事会和公司战略发展委员会负责，公司战略发展委员会负责审议公司的品牌战略、品牌特性、品牌架构及宣传战略与方向。

为协调公司多品牌运作中产生的一致性问题，公司还形成了品牌联席会的工作机制，对涉及公司整体的重点品牌工作进行评议和质量把控，并进行信息与经验的分享。

5.统一的营销架构保障规划，确保传递信息的一致性

华为在 IBM 和知名广告公司的协助下，有非常清晰的3~5年统一的营销规划方案，将客户进行细分，并针对不同的客户及潜在客户群，均有营销计划方案。为确保内外部传播一个声音，明确了品牌调性：科技、热情、品质感。所有广告宣传和视觉风格均围绕品牌调性开展。

华为公司建立了统一的营销架构，以保障规划、预算、信息的一致性，聚焦客户价值，提升效率和质量。其具体的做法是公司拉通了各个部门和业务群的统一营销架构，它与战略对齐，是针对不同的客户及潜在客户群的营销计划方案。遵循 Program Framework—Program—Campaign—Tactic—Offer 的工作推进模式。

（二）对中国品牌海外建设的启示

首先，诚信是伟大品牌的基石，公司内部应秉承统一的价值观。从公司的角度说，品牌是一种承诺，如果从顾客的角度来说，品牌就是一种信任。建立在承诺和信任之间，就是品牌传播，品牌传播实际上就是一次次加深客户对于品牌承诺的信任。中国品牌在走向海外时，在企业内部公关方面，应向华为公司学习，把内部职工作为品牌传播的重点对象，让全体干部职工理解中国品牌的企业精神、企业文化，认同并宣扬中国石化的核心价值，这也是品牌形象建设的重要内容。

其次，品牌建设和业务发展密不可分。华为公司花费巨大成本邀请近百人的 IBM 咨询公司驻场办公，就品牌建设进行调研和规划，目的是把品牌经营的理念和品牌战略的思想融入公司经营的方方面面，真正地指导各项业务工作的发展。中国品牌的品牌战略要与业务发展战略相融合，品牌形象要与公司长远发展目标相适应，都需要借助内外部的智囊团队，做好品牌定位、品牌架构等品牌战略规划，进一步完善品牌顶层设计。

再次，树立国际化品牌需与国际语言接轨，好品牌需要沟通。华为公司擅长通过讲故事来传递品牌形象；同时，在华为公司标准的接待流程中，处处体现着华为人的文化。视频会议室等先进的技术和产品展示中，让参观者亲身体验了华为的技术实力，感受了创新产品所带来的冲击，这种体验式沟通方式值得借鉴。中国品牌在传播中也应有整体的传播策略，将利益相关方进行细分，并按重要程度进行分类，聚焦传播。拓展国际市场，必须懂得游戏规则。一方面目标受众范围不能过窄，要兼顾政府、意见领袖、媒体、客户等，需采用国际规范的管理标准和体系，才能有沟通的共同语言和平台的基础。另一方面，要看外部的标杆，看行业内的标杆走出去的优秀实践是什么。最后，专业的事情交给专业的公司去做，本土化落地需要当地品牌策划公司去包装传播创意，但诠释的品牌定位永远不变。

三、经典案例：腾讯，数字化背景下重新定义品牌管理

腾讯，成立于1998年，根据Mary Meeker《2016互联网趋势报告》数据显示，在中国，用户每日移动互联网花费时长中，腾讯占据55%以上的份额。2017年，"Brand Z全球最具价值品牌榜百强榜"中，腾讯品牌价值为1082.92亿美元，在中国品牌中排名最高，在总榜单中排名第八；在2017"一带一路"建设影响力企业中排名第14位。

（一）腾讯品牌建设主要特点

1. 契合互联网公司特点，业务驱动大于品牌驱动

腾讯的品牌理念是"一切以用户价值为依归"，凭借"用户洞察"这一看家本领及将用户体验做到极致，实现了腾讯品牌的蜕变。为适应互联网快速变革和发展，其品牌建设及品牌输出规则与传统企业有本质上的差异，有其特殊性。IT互联网公司变化之迅速，公司发展本身是以产品体验驱动为主，并不是品牌驱动。如果按传统品牌建设的理论和思路管理品牌，无法适应和匹配互联网时代的快速发展。

2. 品牌机构设置健全

腾讯公司在公司层面也建立了品牌战略委员会的品牌决策机构，同时，在企业发展事业群（CDG）中也设立了品牌管理部，其中品牌管理团队20人、公关团队100人。在七大业务群（BG）负责各自业务线上的子品牌建设，集团不对其做严格管理，尊重个性化。腾讯公益由单独的技术部门负责，社会责任也为单独的部门。

3. 子品牌建设放权多于集权

腾讯自上市以来，对外并购投资增多，包括电商、游戏、娱乐互动、O2O等互联网的细分领域，通过投资参股的形式，腾讯不断培育产业链的上下游，以打造一个以QQ及微信为核心基础平台、全面开放的互联网生态圈。由于腾讯公司所涉及的互联网技术发展很快，有很多产品和商业模式需要去创新，所以，腾讯公司对母子品牌架构并没有刚性的规定，不想为新业务的发展设置边界，所以对于子品牌建

设放权多于集权。

4. 拥有清晰的品牌定位

随着这几年逐步走向国际市场，腾讯发现国际市场除了需认可产品和技术，更期待腾讯品牌能输出更多价值和文化。在此背景上，腾讯公司聘请国际品牌团队，结合业务战略，将品牌定位为"连接一切赋能未来"。所谓连接，是指连接市场主体的两端——用户和企业。品牌定位与业务战略紧密结合，腾讯的总体战略就是充当连接器，连接人与人、人与服务、人与设备等。因此，品牌的本质其实就是做好持续连接，让用户接触到品牌时立即就能产生强烈的认知，形成深刻的印象，而且在离开场景后很长时间内都可以再次回想并触发记忆。

5. 注重品牌个性与社会责任

腾讯非常注重传播中打情感牌及高质量创意，并聘请奥美、法国的互动广告创意公司 Fred & Farid 等多家国际广告团队打造集团形象。腾讯微信、QQ 等流量平台优势，节省了很多广告费用，并且很多经典的品牌活动能通过微信和 QQ 瞬间引爆市场。围绕品牌定位，腾讯将品牌的传播划分为三个方面：一是在连接创新生态方面，策划了 NEXT IDEA 活动，通过创意大赛等活动拉动年轻受众；二是在技术领先方面，通过行业内大会连接生态圈；三是在如何发挥互联网优势，树立企业的公益和责任形象，腾讯的经验做法广受业内好评。坚持"人人可公益的创联者"的理念，以"腾讯网络捐赠平台""益行家""腾讯公益网"等产品为平台，培养亿万网友的公益习惯，推动人人可公益的生态建设。

（二）对中国品牌海外建设的启示

首先，社交媒体正在改变品牌体验的定义。移动互联网时代下的移动互联和社交媒体为品牌塑造提供了新的工具和可能，从而催生了全新的品牌树立和管理理论，品牌要从"互联消费者"的消费体验出发思考品牌问题，以用户价值为王。因此，传统行业的企业在数字化时代里也应探寻新的品牌建设方式。品牌的内涵不再由企业唯一主导，而是需要更多去考虑如何吸引消费者一同来推动和定义品牌内涵。

其次，做好品牌首先要做好产品，而做好产品创新是根基。创新是公司未来可预期成长的主要推动力。腾讯研发的每项产品都有着明确的用户需求，用户需求催生出腾讯的创新。比如，腾讯凭借旗下微信等社交媒体应用程序的强势地位成为中国最具价值品牌第一名，其品牌价值增长29%。腾讯因为微信业务而被投资者看好。对于中国其他品牌也一样，产品、服务、行为等接触点，构成了利益相关方对品牌的认知，集团品牌的打造更离不开业务和产品。

再次，竞争程度不够激烈的企业一样需要做品牌。互联网企业一直以来都没有像快消品、汽车行业那样有很强的品牌管理意识，其主要原因就在于其竞争程度远没有后者那么激烈，普通大众最为直观的反馈就是"我们除了这个产品之外，还能用哪个呢"。可替代性不强，也就导致在品牌上不会有那么强的危机感。但这并不意味着互联网企业不需要或者不应该有在品牌上深耕运作的空间，毕竟当企业发展到一定的规模，品牌作为大家心中对企业的第一认知，无论是在产品选择还是口碑传播上，会对企业产生非常大的影响。

第三节　路径二：传播层面发展高效的品牌国际化传播体系

近年来，国家"走出去"战略不断深化，中国品牌走出去已经成为国家战略的重要组成部分。党的十九大报告提出，"推进国际传播能力建设，讲好中国故事，展现真实、立体、全面的中国，提高国家文化软实力"。"讲好中国故事"不仅是国家软实力构建的需要，也是中国品牌打造世界级品牌、对良好海外舆论环境的迫切需求。观察发现，中国企业海外传播呈现三个新趋势：中国企业在海外问答平台开始受关注，成为热门话题；科技元素成为中国企业海外形象新亮点；中国企业海外传播开启视觉化传播时代。同时，中国企业在海外形象建设中遇到了三个问题。一是在回应外媒关切时稍显力不从心；二是中国企业履行海外社会责任的信息披露不足，影响品牌美誉度；三是社交媒体平台发力不够。一些企业在 Facebook 上注册的帐户成为"僵尸账号"，存在一定安全隐患，问答社区的声音曝光、开发利用还处于空白。针对中国品牌当前现状，本研究提出三点建议。

一、国际化传播理念重建，构筑传达国家形象的品牌文化

根据心理学的平衡理论，消费者会寻找与自己个性相同的品牌寻求"认同感"，并将自己的人格特征融入品牌的认知当中，进而形成品牌偏好。在品牌国际化的进程中，品牌个性是占领消费者心智的关键，寻求品牌个性差异化的源泉来自对文化的解读。例如，日本书化中的追求完美、注重细节、善于简化等文化特质，以及家族式的文化管理方式，是日本品牌在国际市场备受喜爱的重要原因。日本丰田、佳能、尼康和资生堂等品牌，其品牌文化中都具备上述的文化基因。又如，美国苹果、微软、谷歌、可口可乐等品牌，不仅代表着高品质的产品和服务，也代表了消费者内心所追求的生活方式、情感归宿以及身份地位。同理，中国品牌要进入国际市场，赢得世界尊重和全球市场地位，也需要我们思考如何结合社会主义核心价值观、构建"负责任大国""数字强国""文化自信大国"等新形象，以在全球市场上创造独特的"中国"价值，彰显中国的态度与内涵。

中国品牌的发展之路一直在跟随西方的步伐，因此在面对国际市场竞争时，缺少对品牌个性的建构，归根究底在于自身文化基因的信心不足。再加上"中国制造"的负面背书影响，很多中国品牌选择摒弃"中国基因"，或者在中西方文化间游离，最后导致无法形成鲜明的品牌个性。然而中国优秀的文化元素却被他国品牌很好地运用，在国际社会大放异彩。例如，法国奢侈品品牌古琦推出的 Alessandro Michele 服装系列，从中国宫廷服饰中汲取灵感，运用中式服装廓形、

花卉刺绣、团扇、盘扣等经典中国元素，大受好评。再如，国际知名品牌拉夫·劳伦、路易威登、亚历山大·麦昆、安娜·苏等都曾将中国的旗袍元素运用到服饰设计上。此外，文化产业方面最具代表性的就是好莱坞成功的系列动画电影《功夫熊猫》，中国国宝熊猫、水墨画、武术等在电影中的融入，带有东方意境与哲学思想的中国元素，获得了世界范围内的认可。可见，民族的就是国际的。承载了中国文化精神的中国品牌，完全能够凭借自身的文化底蕴成就独具风格的中国品牌价值。在这方面，上海家化的佰草集已成为先行者。佰草集的产品蕴含中国中草药技术和传统文化，广告宣传中经常运用中国传统的水墨、白描等艺术手法，并融入荷花、荷叶、梅花、瓷器等具有浓郁中国特色的物品，品牌文化上则汲取了中国文化中"自然平衡"的美学精粹。它先后销往香港和欧洲，并在香港和欧洲的化妆品市场上站稳脚跟，取得了瞩目的成绩。佰草集之所以能够成功，赢在其以深厚的中国文化为根基，在国际市场上应用具有中国文化和中华底蕴的中国概念，让消费者明确感受到这个中国品牌所焕发的中国文化气质。

品牌的背后是价值观，而价值观背后不是简单的商标名称，而是整个企业甚至国家的性格与气质。只有树立这样的国际化传播理念，中国的品牌才能真正做到文化自信，获得以中国文化为基础的全球价值，进而实现中国品牌建构中国国家形象深远目标。那么，中国品牌需要做到三点。第一，在中国国家形象与现代消费价值之间寻找结合点。中国向世界展示了一个"和平崛起、开放包容"的新形象，而当前消费群体的生活方式、价值观念都在不停变化，再加上沿线国家的复杂环境，要求中国品牌要花费足够的精力研发新的技术，开发新的产品，开拓新的渠道，积极地进行品牌创新和内涵重塑。第二，要在国家形象建设与产品竞争力锻造之间把握平衡点。产品是兑现品牌承诺的根本，产品与服务质量的优劣能够直接影响消费者的判断和评价，带有中国民族基因的文化影响必须通过优秀的产品品质表达。第三，要处理好中国文化价值与目标国文化价值的兼容问题。复旦大学国际问题研究院研究员、南亚问题专家林民旺在谈到中印关系时说道："对中国品牌而言，首先要遵守印度的基本法律、基本规则，企业要把政府层面的关系网络一步步打通。目前很多平台都在服务于中印投资，如中印经济促进委员会、印中经济文化促进会，都在推动两国民间、政府层面的经贸投资。此外，在印度特别要讲好中国故事，选择那种贴近民心的'故事'，让普通印度人感受到中国的友好和善意。"中国品牌进入"一带一路"沿线各国，必须以文化差异性和多样性为前提，高度保持对文化多元化、本土化的尊重，将具有全球价值的民族文化赋予品牌内涵[①]，品牌才能逆向追溯，有效提升整个国家的国际形象。

二、国际化传播能力提升，促进国家形象的有效输出

（一）发挥新媒体优势，加强中国品牌对接"一带一路"的传播力度

2018年国务院国有资产监督管理委员会新闻中心发布《中央企业海外社交媒体传播参考指南》显示，Facebook是中国品牌海外传播的第一站，其英文官方网站和维基百科企业页面成为中国企业海外传播的标配，而社交媒体方面，中国品牌更倾向优先布局Facebook，其次是Twitter。大熊猫、高铁和共享单车是现代中国的代表元素，大熊猫深受海外用户喜爱，非常符合当代互联网传播规律。另外，一些中国品牌在Facebook上，着眼主要业务地区和国家，设立多个分语言分区域的分账号，实施本土化运营策略，同时整体形成矩阵运营传播合力。

我国应借助新媒体优势，以互联网为平台加强对外传播，增进与各国之间文化及情感交流，促使国际受众对中国品牌有更为广泛和深入的理解。Facebook上围绕人工智能项目、宇宙星际探索、线下科技展、高科技产品介绍的科技类题材互动效果最好，科技元素成为中国

---

① 何佳讯. 以民族文化基因培育中国品牌 [N]. 文汇报,2013-08-15.

企业海外形象亮点，如联想和迪士尼联合推出的 *Star Wars*（《星球大战》）AR 游戏装备的展示视频帖文，单条帖文互动量达 10504 次。中车 Facebook 账号向粉丝介绍外国留学生眼中的中国"新四大发明"——中国高铁、支付宝、淘宝和共享单车。在此前的调查访问中"你想把哪个带回家"这一问题引发用户热烈讨论。中国的高铁作为四大发明之首，获得大量用户支持，成为我国对外经济合作的重要因素。而中石化的品牌账号用一串数字向粉丝介绍公益事业的累累硕果，慈母照片配合简单的文字说明 13 年一贯服务，捐赠 1.46 亿元，治愈 4 万患者，涵盖 34 个领域，达到了"事实胜于雄辩"的效果。

"一带一路"倡议是一个让世界认识中国的历史契机，互联网是让海外消费者了解中国品牌重要渠道。根据《2017 中国企业海外形象调查报告（东盟版）》，互联网是东盟地区民众了解中国企业的主要途径。超过 70% 的受访者通过互联网来获取中国相关的企业信息。而排在第 2、第 3 位的分别是电视和报纸、图书、杂志等传统媒体。

就目前来说，媒体发布还是有相对不足。形式上，在笔者对中国各大品牌进行"一带一路"相关内容搜索的时候，仅有国家电网、国家电投等极个别品牌设立了"一带一路"专题，而其他品牌则需要进入二级甚至三级页面进行搜索。内容上，中国"一带一路"官网作为官方媒体，对中企的海外动态从宏观数据到项目进展等各类报道最为及时、全面。在民营企业和地方国有企业的网络新闻里，内容大多集中在海外投资比例、金融收益、订单金额等宏观数据的报道，除了华为、阿里巴巴等个别企业有相关采访内容涉及"一带一路"，关于品牌的海外进展的具体内容都相对较少。由此，中国品牌应加强对"一带一路"互联网传播的重视，设立"一带一路"专题，丰富语言检索功能，利用图片、视频等方式让国内外受众更好地了解品牌，进而在国际范围内树立我国企业和国家的良好形象。

（二）整合国内外媒体资源，重视品牌自身的媒介力量

艾利艾智库（IRI）选取同时登上《2017 全球最具价值品牌 500 强》

与《2017年财富世界500强排行榜》两个榜单的30家中国企业作为研究对象，观察这30家中国品牌企业在2017年度（1月1日—12月31日）在海外传播布局、海外传播信息的特征，一些包括中央企业、大型互联网、通讯企业在内的中国企业善于借助全球性热点议题，特别是在一带一路议题中，企业的相关投资合作、产品和服务成为传播载体，与中央主流媒体开展合作，共同配合国家外宣主旋律，获得很好的传播效果，显示了中国企业在"一带一路"对外宣传中的重要作用。

在发布内容上，中国元素、中国特色赢得关注。在海外社交媒体中有一批中国风爱好者，中国的美食、建筑、大熊猫、"抢红包"等，都是海外用户追捧的代表元素。一些中国企业善于迎合海外用户的喜好，很好地展示了中国特色。如中国中车在春节期间拍摄了一个狗年迎春节的视频，一条小狗作为主人公，展示了自己如何过春节。饺子、春晚、舞龙舞狮和唐装等中国元素穿插视频其中，间接向海外受众很好地科普了"中国新年"的民俗文化。

海南航空（@Hainan Airlines Global）转发了一位德国航空摄影师在 Instagram 个人账号发布的海航飞机照片，图片中集合了四架喷涂了功夫熊猫的海航飞机，配文向粉丝发问"你们最喜欢哪个"，获得粉丝积极响应。

中国企业在海外传播，特别是一些拥有产品和服务的"To C"的企业，并未单纯地将对媒体作为其产品和服务的推广渠道，而是通过"以品牌带产品"的传播策略，注重传递企业的理念，对塑造品牌影响力起到积极作用。Quora 作为国外知名问答平台与知识社区，有六家企业在其中拥有有效话题，尽管这可能并非来自企业的主动设置和问答。华为、联想和阿里巴巴的问题数量和粉丝量均过千甚至过万，尽管这与一些世界大型企业在 Quora 上的粉丝量和互动话题量存在差距，但已表明中国企业有基础且有必要借助知识型社区平台，通过完善、丰富问答话题进行企业品牌形象建设。

（三）加强互动，采取分众传播策略，提升企业海外传播精准性

中国企业海外传播应采取分众传播策略，首先做好新闻发布，同时布局 Facebook。在积累一定经验和品牌沉淀后，依据企业业务特征、平台特性合理选择布局其他社交平台。注重新闻发布的企业可以考虑开设 twitter 账号，拥有视觉化产品的企业尝试入驻 Instagram，在Quora 具备一定讨论热度的企业应主动布局，巩固提升既有优势。

当前，少数中国企业对外释放信息的思路逐渐转变，利用社交媒体平台在及时性和媒体聚合程度上的优势，尝试借助 Facebook、Twitter 等社交媒体发布企业新闻。据悉，在 137 家中国企业中，29 家拥有 Facebook 官方账号，第一季度共发布信息 1411 条。

表 6.1 中国企业 Facebook 官方账号单条帖文平均互动量 Top15（2018 年一季度）

序号	企业简称	Facebook 账号	单条平均互动量	贴文数
1	联想集团	Lenovo	40638	108
2	中国电信	中国电信国际 China Telecom Global	2973	26
3	百度	Baidu Mobile	2537	34
4	大连万达	Wanda Group	1798	194
5	阿里巴巴	Alibaba Group	1548	144
6	中国中车	CRRC Corporation Ltd.	1062	53
7	南航	China Southern Airlines	672	53
8	茅台	Moutai China	445	191
9	国航	Air China	424	124
10	东航	China Eastern Airlines	378	100
11	中国石化	Sinopec	207	46

序号	企业简称	Facebook 账号	单条平均互动量	贴文数
12	远洋海运	COSCO Shipping	199	4
13	海康威视	Hikvision	130	72
14	海航集团	Hainan Airlines Global	118	112
15	浙江吉利	Geely Worldwide	84	10

数据说明：用户互动量为用户评论量、分享量、情绪量的总和

数据来源：艾利艾智库

此外，部分已进驻 Facebook 企业，已逐渐摸索出适合中国企业海外社交传播的思路与做法，并取得较好的互动效果。通过单条帖文的平均互动量（含情绪表达和评论分享）看官方账号的运营效果，联想、中国电信、百度、万达、阿里巴巴和中车六个账号的单条平均互动量过千次，单就平均互动量说，在 Facebook 平台算传播效果较好级别。其中，联想凭借几条 10 万 + 互动量的"爆款"帖文提升了平均互动量。整体看，科技互联网与航空领域的"To C"型企业，在 Facebook 平台的热情更高，也更加"吃得开"。另外，中国中车凭借"中国高铁"的新中国名片，受到海外用户追捧。

总之，中国品牌走向海外，需要注重受众的差异性研究，借助内容和媒介的不同进行传播。研究表明，Facebook 上的发帖频率与传播效果并没有直接决定性关联，刷屏不能带来流量，但合理的曝光度对内容传播能够起到一定积极作用。如中国中车（@CRRCGC）的一条视频帖文：鸡蛋、立起的笔、倒立的水杯等物体放在一辆行驶中的高铁的窗台上，几乎静止状态地持续了 24 分钟。这段创意视频让网友感受到中国高铁的稳定性。联想（@Lenovo）的一条图片帖文将其服务器微内核这一抽象概念用蜜蜂来比喻，以创造性思维阐释科技内

涵，引发网友正面反馈。中国品牌应加强对不同国家或地区受众在民族心理、文化心理、思维习惯和媒体接受习惯等方面的差异性研究，遵循国际传播规律，融入国际话语体系。采取"内外有别"的传播策略，走出"以译代传"的误区。在丰富传播手段和传播内容的同时，注重说服性、融合性、平衡性、互动性、趣味性等话语技巧，推进中国品牌的世界表达，进而拉近与不同传播对象之间的情感距离，谋求民心相通。

第四节　路径三：政策层面促进健康有利的顶层设计体系

近年来，党中央和国务院高度重视品牌建设，2014年5月10日，习近平总书记提出"推动中国制造向中国创造转变、中国速度向中国质量转变、中国产品向中国品牌转变"的三个转变要求。李克强总理在政府工作报告中也多次强调打造中国知名自主品牌。2016年6月，国务院印发了《关于发挥品牌引领作用推动供需结构升级的意见》（国办发2016〔44〕号），并提出设立"中国品牌日"，要求凝聚品牌发展社会共识，营造品牌发展良好氛围。2017年4月24日，国务院批准将每年5月10日确定为"中国品牌日"。国务院国有资产监督管理委员会也要求中央企业要率先加大品牌建设，提升品牌国际影响力和竞争力。与此同时，为创新全球治理和国际合作模式的典范，"一带一路"倡议自提出以来，在促进沿线国家基础设施建设和互联互通、加强经济政治协调和发展战略对接、促进协同联动发展、实现共同繁荣方面取得了稳步推进。2018年中国品牌日活动5月10日在上海拉开帷幕，中共中央政治局常委、国务院总理李克强就加强品牌建设做出重要批示。批示指出：加强品牌建设，增加优质供给，是实现高质量发展、更好满足人民群众对美好生活需要的重要内容[①]。

----

① 李克强强调：着力增品种提品质创品牌 [EB/OL].新华网，2018-05-10.

根据《2017中国企业海外形象调查报告（东盟版）》中国经济形象方面，80%的东盟民众认为中国经济处于高速或平稳的发展阶段，50%的东盟民众认为中国经济处于高速发展阶段，31%的东盟民众认为中国经济处于平稳发展阶段，超过70%的东盟民众认为中国经济的发展对全球和东盟地区的经济会起到积极的影响，超过60%的东盟民众认为中国经济的发展对本国的经济会起到积极影响。可见中国经济形象的提升与中国品牌的日益发展密切相关，健康有利的顶层设计是保障品牌建构国家形象的重要保障。

一、前瞻性思维，重视品牌建构国家形象的可持续效果

品牌对国家形象的建构既有历史的积淀，又有即时即地的接触。作为一种信息凝结体，品牌可以突破时间和空间的局限将承载着国家形象的信息传播开来。对消费者而言，品牌就是一个信息块，消费者通过品牌名称回忆起质量、可及性、保证、广告支持等其他大量属性[①]。从时间上来说，品牌的生命周期是循序延长的，持续数十年、数百年甚至更长时间。1759年，专为英国皇室提供高档餐具器皿的玮致活创立，该品牌的各类骨瓷商品均添加了51%的动物骨粉，并以高贵的品质、细腻的质地、高度的艺术性、洗练的创作风格风行全世界；1837年，当代最具艺术魅力的法国奢侈品品牌爱马仕创立，其奢侈、保守、尊贵，整个品牌由整体到细节都弥漫着浓郁的以马文化为中心的深厚底蕴；1886年，德国奔驰制造了第一辆配有单缸发动机的汽车，百年来凭借完美的技术水平、过硬的质量标准、推陈出新的创新能力，成为世界上最著名的汽车及品牌标志之一；同年，可口可乐诞生，"积极乐观美好生活"体现了该品牌积极改变世界的承诺，它每天都在为全球消费者带来怡神畅快的美妙感受；1940年，第一家麦当劳餐厅创立，"质量＋服务＋清洁＋价值"是麦当劳秉承至今的品牌理念，如今

---

① 李桂华，余伟萍.信息视角的消费者—品牌关系建立过程：SCPRUC 模型 [J]. 情报杂志，2011（7）：190-196.

已在世界上拥有30000间分店，是全球最大的连锁快餐品牌之一。这些长寿品牌的历史沿革不仅支撑着企业的有序发展，影响几代人的消费生活，更是一种有着深厚影响力的国家形象的衬托，让世人看到了英国的尊贵、法国的浪漫、德国的严谨、美国的自由。

从空间上说，品牌可以跟随产品流通到世界各个角落，与消费者产生最直接的体验关系，消费者则通过与各个国家品牌的紧密接触感知品牌来源国的国家形象。据中国企业联合会的调研，2016年，中国跨国公司中前100名的海外资产总额达到7.1万亿元，比五年前提高了1.18倍；海外营业收入达到4.7万亿元，比五年前提高了52.6%；海外员工总数达到101万人，比五年前提高了1.4倍。华为、海尔、中石化、中石油、吉利、五矿、阿里巴巴、三一重工……越来越多的中国品牌走出国门、走向海外，把中国品牌做到了全世界。以海尔为例，其产品已覆盖160多个国家和地区；108个工厂，一半在国内，一半在海外；全球十大研发中心有8个在海外；2016年全球营业额292亿美元，海外占34%[①]。海尔以儒家文化为企业内涵文化，将"诚信生态、共享平台"的品牌理念散播到全世界，一些学者认为，"海尔代表的是国家的形象，是东方的形象"[②]。海尔所到的世界各个角落，都带去了中国"诚信""友好"的国家形象。

另外，品牌可以提供细节的体验，能够帮助消费者填补国家形象的多维认知，而获取认知的渠道包括学习和体验。品牌体验涉及消费过程的每个环节，从搜集信息到现场选购，从消费商品到服务感受，凡是与品牌相关的刺激物对消费者产生的影响都可以归入品牌体验的范畴。约克科·布拉克斯（Brakus）等（2009）认为，目前的体验概念可以按消费过程划分，如搜寻产品阶段的"产品体验"、购物及接受

---

① 中国经济. 人民日报：2017年中国跨国公司数据盘点 门槛五年内提高4.48倍 [EB/OL]. （2017-05-08）[2019-08-08].http://www.199it.com/archives/591212.html.

② 张承业，朱瑞玲. 儒学在海尔工业化中的文化效应与调整 [J]. 企业文明，2001（1）：36-37.

服务阶段的"服务体验"、消费产品阶段的"消费体验"等[①]。对比其他渠道的认知效果而言，媒体中的国家形象受到"议程设置"的影响而失去一定的真实性，公共外交中的国家形象也倾向政治目的而缺少生动的感知，旅游和文化活动的亲身参与可以直接影响消费者对一国的认知，但是这种体验受到时间、空间和消费者个人因素的限制并不能时常产生，而品牌却可以填补这个局限。吉本（Gibbon etal, 1979）提出社会心理学中的认知净化（Clarification of Knowledge）概念，指出个人的事件因为自我参与会变得更清晰、更独特，因为增强了人们准确报告他们的能力。品牌可以出现在消费者生活的任何角落、任何时间，大到高铁、公路、房产，小到手机、牙刷、糖果。品牌体验可以与消费者产生最直接最紧密的联系，一旦产生了品牌体验便产生了消费者个人与品牌来源国之间的认知关联，个人的认知净化可以帮助消费者明确来源国认知，填补上述渠道带来的认知缺口。例如，通过广告诉求的了解，媒介渠道的接触感受等产品体验感受来源国的经济发展实力；通过购买的人员接触、售后的服务、店面的装修等服务体验感受到来源国的文明素质；通过产品质量的优劣、产品性能的好坏和做工的粗细等消费体验了解来源国的产业发展水平。

综上，品牌能够跨越时空的局限，用与消费者最直接、最紧密的接触影响消费者的认知，品牌对国家形象的影响是柔性的、可持续的。

二、战略性运筹，构筑品牌类别的差异化目标

"一带一路"是基于全球的国家战略，蓝图的顶层设计在国家，蓝图的实施层面在品牌，中国品牌扮演着硬实力加软实力的双重角色。硬实力方面，在2018年8月27日国务院新闻办公室新闻发布会上，国家发改委副主任宁吉喆介绍，"一带一路"倡议提出五年来，中国与沿线国家货物贸易累计超过50000亿美元，在沿线国家建设的境外经贸

---

① Brakus, J.J., Schmitt, B.H., Zarantonello, L. Brand Experience：What is it? How is it Measured ? Does it affect Loyalty[J].Journal of Marketing,2009.（73）.

合作区总投资289亿美元，为当地创造24.4万个就业岗位和20多亿元的税收①。软实力方面，"一带一路"辐射范围内的地区和企业积极进行"一带一路"特色文化产品和项目建设，以文化产品、文化项目带动中国文化走出去，推动文化产业的真正落地。例如，中国—东盟博览会、2017年上海旅游节、丝绸之路国际电影节、"一带一路"国际合作高峰论坛以及中外联合考古合作覆盖12国等文化交流在丰富开展。尽管中国品牌在"一带一路"助推下已经取得了很多成绩，但是在塑造国家形象的工作上并没有发挥出显著的作用。

实施品牌建构国家形象战略，不是一个一蹴而就的工作，而是一个复杂而长远的战略部署，其实施过程可以通过"政策整合—定位确立—任务分派"三步走。

第一步，整合所有支持性政策，合力促进品牌对国家形象的建构工作。为支持中国品牌走向海外，从财税、金融、投资贸易合作、海关、物流等多个方面出台了一系列支持政策，不仅支持了中国品牌的国际化进程，还有效提升了国家形象的建设。例如，中国电力建设集团有限公司范集湘就表示，"国家制定顶层设计方案，提供系统策支持，通过市场运作，可以实现中国电力产业向发展中国家转移，让中国电厂、电网点亮异国他乡，这才是大国形象"。但是，由于这些政策分散在各个部委，没有形成合力，在实际执行的过程没有发挥其最大的作用。因此，国家需要整合支持性政策资源，明确归口管理部委。

第二步，明确品牌建构国家形象的战略定位。国家形象定位可以从政治、经济、文化等各个角度进行，品牌是起到重要功能的隐形推手。国家需要从顶层设计角度为品牌赋予新的任务，并且按照品牌的不同类别细化各自目标。按照当前情况而言，基建领域彰显"负责任大国"形象，科技浪潮打造"数字强国"形象，文化交流透射"文明新国"形象，已经形成了一个三位一体的建构模型，这对未来中国品

---

① 新华社.五年来我国同"一带一路"沿线国家贸易额超5万亿美元[EB/OL].中央人民政府网，2018-08-27.

牌形象的发展打下的良好基础。但我们同样应该看到这其中的不足，即三个类别的影响力失衡严重，品牌类别集中缺少多样化。因此，在制定战略任务时，不能局限于当前，而应鼓励更多的中国品牌加入国家形象的建设类别当中。另外，在现有三类形象中，文明古国的形象已经不适用当前中国"引领全球化"的新态势。党的十九大报告站在时代和全局的高度深刻阐释了坚定文化自信的重大现实意义，习近平提出，"文化自信是一个国家、一个民族发展中更基本、更深沉、更持久的力量"。他在庆祝中国共产党成立95周年大会上的讲话中强调，文化自信"在5000多年文明发展中孕育的中华优秀传统文化，在党和人民伟大斗争中孕育的革命文化和社会主义先进文化"①。可以看到，社会主义核心价值观既是我们文化自信的源泉，也是我们坚持文化自信需要努力奋斗的根本使命。因此，文化品牌在未来建构的国家形象应该是饱含文化自信的大国形象。

第三步，设立品牌建构国家形象战略管理体系，促进战略定位的有效实施。一方面，通过政府部门的支持发布相关条例，指导各品牌在"一带一路"沿线中的国家意识，在制定相应品牌策略、产品设计和推广活动时贴近国家形象的建设定位。另一方面，定期组织对"一带一路"沿线国家的消费者做实证调查，了解中国品牌发挥了何种功能，并对下一步的战略部署提出数据支持和修正意见。中国石化海外宣传处主管谢丹平在谈到中石化的全球布局时总结到，中石化进行六步全球战略。第一，传播诊断。聘请国际品牌顾问团队诊断中石化传播的问题，并提出建议。第二，媒体咨询。每年答复一两百件海外媒体咨询，并认真答复，搭建国际媒体关系。第三，媒体交流。邀请海外媒体去中国代表处拜访，召开媒体发布会，即"媒体看石化"系列活动，提升正面报道数量与质量。第四，处理危机。利用危机事件的科学处理，提升国际形象。第五，布局社交媒体。全面利用Facebook、

---

① 人民网－人民日报海外版. 习近平谈文化自信［EB/OL］. 中国共产党新闻网，2016-07-13.

Twitter 近距离接触消费者，树立良好的品牌形象。第六，培训。内部海外新闻发言人培训、建立境外舆情通信网络等。在这个六步布局的指导下，中石化入选2017年度东盟地区中国企业最佳海外形象企业。

三、策略性布局，增强优势产业与龙头品牌的先锋作用

有学者根据 OECD-WTO 数据库测算出近20年中国与"一带一路"国家参与全球价值链分工情况，研究表明中国具有比较优势产业为电器和光学设备制造业、机械及设备制造业、纺织品、纺织产品、皮革和鞋制造业，并且中国的比较优势正在从纺织品、纺织产品、皮革和鞋制造业等劳动力密集型和采掘业等资源密集型的产业转变为电器和光学设备制造业等资本密集型和知识密集型的产业。结合多方数据报告可见，我国交通运输类、基建相关产业、装备制造业、能源建设、文化旅游、信息产业、出口竞争力较强的消费类产业已成为我国进入"一带一路"沿线国家的优势产业。例如，2013年10月—2016年6月，国有企业在海外签署和建设的电站、输电和输油输气等重大能源项目多达40项，涉及19个"一带一路"沿线国家[1]。再如，据海关总署统计，2017年我国工程机械产品出口额达到201亿美元，首次突破200亿美元，同比增长18.5%，我国工程机械产品国际化发展进一步提速[2]。这些产业作为代表引领中国品牌发展的领航者，对国家形象的塑造也起到了先锋作用。众多学者、专家也相应发表看法，支持以优势品牌领先发展。例如，国家发改委主任何立峰认为，高铁已经成为中国制造的一张新名片，类似日本的家电、美国的汽车制造，高铁已经成为了世界对中国制造的新印象。中国房地产数据研究院执行院长陈晟建议，在"一带一路"建设中，中国品牌"走出去"要围绕科技园区、产学研融合，借鉴特色小镇等先进模式，传递中国敢于创新的新面貌。就目前发展来看，中国在"一带一路"的优势产业还是集中，而更多

---

① 苏诗钰.上半年我国对外非金融直接投资同比增长58.7%［N］.证券日报, 2016-07-22.

② "一带一路"助力工程机械出口创新高 首次突破200亿美元［EB/OL］.中国经济网, 2018-02-15.

的产业优势有待进一步发展。

此外，2016年BBI商务品牌战略研究所发布的《国家与品牌形象认知调查报告》中显示，消费者对德国的品牌联想中奔驰的提及率是60.3%，产品联想中汽车的提及率相应也是最高达到84.2%；在对瑞士的品牌联想中劳力士占据最高47.8%，产品联想提及最高的是手表74.5%；在对法国的品牌联想中，香奈儿、路易威登、迪奥都是名列最前的品牌，而产品联想则统一对应了香水、服装。由此可见，一国的优势产业和龙头品牌能够很好地让消费者通过产品将品牌与国家形象做联想。再对比同期调查的数据，消费者的国家联想中，德国的严谨、法国的浪漫都是占比最高的评价。因此，可以看出透过这些优势产业和龙头品牌感知的国家形象准确而清晰。品牌塑造中国国家形象的进程，最终目的就是希望中国的品牌可以达到上述品牌的正面效果，让消费者可以透过品牌有效而积极地联想到中国国家形象。回顾"一带一路"企业影响力前50名榜单，华为、阿里巴巴、碧桂园、腾讯、光明食品、比亚迪、美的、TCL等众多品牌榜上有名，这些行业龙头品牌市场占有率高、影响力大，能够带动其他中小品牌发展的同时提升产业知名度和美誉度，最终帮助国家塑造相关的产业形象和国家形象联想。因此，笔者认为借助"一带一路"提升中国形象，要重点推动优势产业和龙头品牌的带动作用，加强中国品牌的国际影响力，让品牌成为代表中国形象的重要手段。波特·考斯特认为，一个国家或地区在国际上具有竞争优势的关键是产业的竞争优势，而产业竞争优势来源于与此相关的企业集群[①]。创新构成一种特有的文化氛围，并成为正向竞争的重要催化剂，激励集群内企业不断追求和积累新知识和新技术，带动产业集群外的其他品牌共同发展。互联网IT业已成为中国品牌参与国际市场竞争的优势力量，其他品牌要学习此类品牌的创新理念和成功经验，并有效借助优势产业的强大背书借力出海。

---

① 波特. 集群与新竞争经济学 [J]. 哈佛学报，1998，76（6）：77–90.

第七章　研究发现、贡献与不足

本章对全书的研究结论进行了概括与总结，尤其是本书的研究发现及其对理论与实践的主要贡献。同时，也对研究中的不足之处进行了剖析，并对未来的研究方向与重点进行了展望。

第一节　研究发现：品牌建构国家形象优势分析

在"交往互动"阶段，品牌可跨越时空地向目标市场传递有序信息；在"知识共有"阶段，品牌在动态发展的理论指导下，通过良好的品牌体验满足消费者超越实用价值的艺术追求，对消费者产生即时或长时的影响，最终建立含有契约精神的可持续发展的紧密关系。具体来说，品牌建构国家形象具有优势。

一、品牌是有序的诉求，有利于达成国家形象的预设目标

要塑造一个什么样的国家形象？这是建构国家形象需要回答的核心问题。根据国家在国际社会中的位置，结合国家发展程度和时代需求，找到适合的国家形象定位，才能进行国家形象的塑造和建构。对于这个问题的答案，不同时期、不同学者对中国国家形象的塑造目标

都有不同的设定。支庭荣（2000）从传媒与国家形象的关系上，提出了媒介要塑造国家坚持改革开放、经济迅速发展、安定团结等形象[①]。张丽华、王乐（2010）提出和平、发展、负责任以及和谐的国家形象建设目标[②]。乔旋（2010）认为，中国的国家形象应定位于建构一个民主、发展、文明、和平、环保等全面的国家形象[③]。吕秀娟（2011）将邓小平同志关于中国国家形象的论述，总结为改革开放、安定团结、爱好和平、独立自主、自力更生的民族形象[④]。叶春丽（2015）提出，塑造一个既现代又传统，积极融入世界发展潮流中的国家形象[⑤]。范焕昕（2017）认为，中国应该从文明大国、东方大国、负责任大国、社会主义大国这四个维度向世界展现出一个真实、立体、生动的中国形象。可见国家形象的塑造是动态变化的，它有赖于国家的综合实力、外交关系、国际传播等各方面综合协调。此外，孙兴昌（2018）提出文明大国、东方大国、负责任大国和社会主义大国是新时代中国国家形象塑造的基本内容，其基本特征是人民性、整体性、开放性[⑥]。由此说明，国家形象的设定目标是多样的而丰富的。

要达成这些国家形象的定位目标，需要国家形象的塑造者来完成。根据中国外文局对传播研究中心选编《国家形象传播研究论丛》（2008）研究，政府、企业、国民是国家形象的主要塑造者。政府是国家权力机关的执行机关，是国家公共行政权力的象征、承载体和实际行为体，在塑造国家形象方面发挥着主导性作用。其塑造国家形象的行为可分为两个部分。一是政府代表国家所从事的政治、军事、经济、外交等活动，包括国家领导人出访、举办重大国际活动、签署重大国际合作

① 支庭荣.国家形象传播：一个新课题的凸现 [G]//.刘继南.国际传播：现代传播文集.北京：北京广播学院出版社，2000：21.
② 张丽华，王乐.崛起中的国家形象塑造与国际传播战略 [J].长白学刊，2010（5）.
③ 乔旋.从文化外交战略看中国国家形象的构建 [J].党政论坛，2010（3）.
④ 吕秀娟.邓小平国家形象思想及其历史价值 [J].信阳农业高等专科学校学报，2011（3）.
⑤ 叶春丽.国际传播中国形象定位及传播策略 [J].新闻研究导刊，2015（10）,210-211.
⑥ 孙兴昌.新时代中国国家形象的塑造 ［J］.长白学刊，2018（2）.

协议等。例如，2008年北京奥运会向全世界展示了中国经济的繁荣、文化的悠久和人民的友好，体现出一种开放、包容、热爱和平的大国风范，在一定程度上塑造了一个"和平崛起"的大国形象①。二是政府代表国家发布的媒体信息，包括有关法律、政策的信息，以及对重大事件的态度、对社会主流价值观的引导等。例如，中国近年发布的官方文书《中国的军备控制与裁军》白皮书、《中国的民族区域自治》白皮书等，都能够引起国内外的关注，从而形成对国家形象的感知②。

企业一般是指以营利为目的，运用各种生产要素向市场提供商品或服务，实行自主经营、独立核算、自负盈亏的社会经济组织，其塑造国家形象的途径便是产品和服务。跨国公司是当今国际社会的重要行为者，将母国的价值观念、管理经验、科学技术、生活方式带到他国，通过产品和服务传递来源国形象。奈特和柯兰（Knight,Calantane, 2000）认为，"来源国形象反映了消费者对特定国家生产产品质量和该国民众禀性的感知"，即消费者对一个国家所制造的产品质量、性能、设计等方面的整体印象和评价。例如，人们通过奔驰、宝马、大众认识德国，通过劳力士、欧米伽、浪琴认识瑞士，通过古驰、阿玛尼、路易·威登认识意大利，通过日立、索尼、丰田认识了日本，等等。人们在使用产品时可以感受到该国的技术、工艺和现代化程度，并对整个国家有个基于产品和品牌渠道的认知。

国家由一个个独立的国民组成，范红（2013）认为，高素质的国民是国家发展的强大动力，老百姓的生活方式、教育程度、创新意识、精神面貌和行为举止在不同程度影响着国家形象的塑造。一个国家的大众以自己的言行在事实上传递着自己国家的信息，另一个国家的大众直接感知或者通过不同方式将感知印象传递给他人。不同国家的商

---

① 万晓红.北京奥运会报道与中国国家形象塑造的实证分析[J].首都体育学院学报，2006（6）：694–697.

② 程曼丽.国家形象塑造及其问题与对策[M]//周明伟.国家形象传播研究论丛.北京：外文出版社，2008：16–26.

人、游客、学生、学者等在频繁的科技、文化、教育、经贸等国际交流和互动中影响着各方对对方的认知，从而直接或间接地推动了有关国家形象的建构和传播。以跨境出游为例，国民的行为代表着国家行为。无论他是来自哪个的城市，受过何种教育，出国的目的是什么，只要走出国门他便是"某国人"，他的行为举止便代表了该国的整体素质。良好的行为可以美化国家形象，而素质低下的行为则会让他人认为他来自一个缺乏基本规则、社会生活秩序混乱的国家和民族，长久积累，他的来源国便很难在国际社会上获得尊重和文化认同。因此，个人与国家形象之间有着不可割裂的联系，国民成为塑造国家形象的重要角色。

对比可知，政府是国家形象塑造的主导者，在国际社会代表着一国的官方形象，但却也是因为这样而失去客观、丰富的建构视角。国民代表了一国整体的人文情况，能够丰富国际受众对一国的认知，但由于国民的个体性，缺少对国家形象建构的整体把控。因此，相比政府和国民的塑造，品牌是既能够扩展国家形象的塑造维度，更是能够受到企业和国家能够引导的形象塑造者。

这是因为品牌在其成长的不同阶段，会用不同的品牌诉求语言来向自己的目标受众传达自己特定的品牌信息，并带给消费者利益和价值从而能够根据不同的国家形象定位而制定相应的品牌策略，向国际消费者传递最相匹配的诉求策略。由第四章的分析，基建品牌、科技品牌和文化品牌以"负责任大国""数字强国""文化新国"为塑造目标，进而设定一定的品牌战略和产品设计，就是将国家形象的建构目标作为品牌发展的责任之一。例如，在中国"走出去"的跨国公司中，华为集团在整体布局、业务战略以及职能层面均身体力行，传播着中国公平正义的核心价值理念，代表了源于中国本土的开放创新的中国元素[①]。华为集团致力于发展信息与通信技术，向国际消费者提供了凝

---

① 郑雷，江苏佳. 企业战略与国家形象传播：以华为公司为例 [J]. 青年记者，2017（3）：53-54.

聚中国创新科技的产品和理念，向世界传达了领先、精致、开放、自信的"数字强国"形象。

二、品牌有鲜活的情感，有利于促进国家形象的交融共识

品牌价值包含功能价值要素和非功能价值要素，赫希曼和霍尔布鲁克（Hirschman，Holbrook，1982）提出，实用价值和享乐价值可以对应为品牌的实用功能属性和享乐属性[①]。而人们通过消费产品或拥有品牌，包括了他们建立自我、提升自我和表达自我的需求（贝尔克，Belk，1988）[②]。在这个过程中，消费者感知的不仅是品牌带来的实用价值，还包括品牌带来的心理意义，也就是消费者的情感满足。品牌情感（brand affect）是指消费者对品牌的评价和感觉，是品牌关系的核心。乔杜里（Chaudhuri）和霍尔布鲁克在2001年定义了品牌情感是"普通消费者由于使用某品牌而由该品牌引发的一种积极的情感（emotional）反应"。品牌情感源于用户体验，属于感性的层面，是形成品牌附加值的源泉，有利于支持品牌的长久关系（福尼尔，Fournier，1994）。而这种情感关系也由不同学者研究出不同维度，（罗伯茨，Roberts，2004）认为，"高度尊重"是品牌情感的精神境界，随后汤普森、林德弗莱希和艾尔塞尔等人陆续提出"品牌至爱""品牌依恋""品牌推崇"等概念用于表达品牌在消费者关系中的卓越地位。如今情感品牌化已是备受推崇的品牌管理范式（Thompson，Rindfleisch and Arsel，2006）。另外，也有学者通过实证研究探讨了品牌情感的测量维度。例如，乔杜里在2001年对品牌情感的测量中包括了"我非常喜欢这个品牌""使用这个品牌让我愉悦""此品牌能够让我心情放松"等选项。蔡（Tsai）在2005年的研究中，对品牌情感的测项中包括了"得到快

---

① Hirschman E C,Holbrook M B. Hedonic Consumption: Emerging Concepts,Methods and Propositions [J]. Journal of Marketing,1982,（46）: 92–101.

② Belk R W. Possessions and the Extended Self [J]. Journal of Consumer Research, 1988,15,（2）: 139–168.

乐的""心情不错""像熟人""感觉轻松"等核心词汇。根据本研究对43位"一带一路"沿线地区消费者访谈,消费者经常使用"受欢迎的""大家喜欢""感觉很好"等词汇来描述他们心中的中国品牌。例如,R16(土耳其)说:我来中国之前就用阿里巴巴了,全球速卖通在土耳其非常流行。中国产品近乎完美,阿里巴巴比土耳其的亚马孙更受欢迎。品牌可以承载消费者的情感与认同,借由品牌认知国家形象,从心理层面增加了产生积极情绪的可能。

情感是联结品牌与国家形象的重要桥梁,消费者与品牌接触,不仅仅是从视觉或听觉上接收品牌信息,更是一种理念的交流与沟通,是一种心灵的对话,是一种对情感的理解与分享[①]。心理学研究表明,消费者态度改变方式有中心路径和外周路径,中心路径从理性角度强调消费者经由认知产生信任;外周路径从感性角度强调消费者对表面线索的情感反应(佩蒂和韦格纳,Petty and Wegener,1999)。而国家形象的建构同样需要通过中心路径和外周路径产生良性反应。

从理性层面,消费者通过产品质量认可对品牌产生信任,进而对国家形象产生初步好感。例如,R26(泰国)说从淘宝上购买的产品性价比都很高:我对这些东西的质量感到满意,我喜欢随时在淘宝网购物。R29(罗马尼亚):我买过中国的智能手机,它的质量非常好,(因此)让我开始注意这些中国品牌。R32(巴基斯坦):我买过包括从儿童玩具到其他礼品的很多中国品牌,中国品牌的质量得到了很大提高。

从感性层面,消费者借由品牌文化引起情感共鸣,最终激发其对国家形象的美好愿景。首先,消费者会通过用户体验加深对中国品牌的好感。例如,R3(马来西亚)提到,中国高铁的用户体验让他印象非常深刻,中国高铁从购买到进站都可以自主完成,甚至不用换票直接用身份证进站,非常方便。他说:不仅是技术方面的领先,用户体验是个综合性的过程,(这些)我更喜欢中国高铁,它让我觉得中国的

---

① 刘强. 论品牌传播效果 [J]. 现代营销, 2017(5): 54-55.

发展是全方位的。R28（印度）谈道：我经常在阿里巴巴上买东西，因为它有良好的服务、规范化的运营，以及便捷的运输。其次，消费者会用重复购买表达对中国品牌的情感维系。R30（伊朗）说，良好的品质是促使他多次购买中国品牌的原因。R27（巴基斯坦）则认为，华为、QQ及阿里支付让他的生活质量大大提高，所以他更愿意多次使用。再者，消费者会通过对品牌提出更高要求而表达自己的情感诉求。如R20（韩国）提到，高铁不同等级车厢的服务标准不同，会影响到自己的评价。R24（泰国）则认为，中国产品的质量参差不齐，在购买时需要投入一些精力才能分辨出来。另外，R6（马来西亚）也提到，中国的服务水准与技术发展存在不匹配的现象，这是中国品牌未来发展的重点。

综上，从消费者与品牌关系角度来说，消费者是通过品牌认知进而形成品牌情感，最终达到品牌忠诚的。其中，品牌情感是影响消费者态度的关键要素。品牌独有的情感特质，能够潜移默化地影响消费者的心理偏向，把握消费者的精神需求，以"通"为念，可以有效促进消费者对中国国家形象的共识。

三、品牌是沟通的艺术，有利于提升国家形象的审美品质

艺术是人类高度精神文明的产物，是人类对于文明追求的一种体现。品牌的艺术价值是人类精神文化的创造行为，能够提供给消费者审美需求与美感经验，同时也能够展现国家以美学思想为主体的文化诉求。由于人的情感世界的复杂性，自然之美、社会之美、艺术之美是三种美学姿态。在自然学科中，美学是一种基于生理而又超越生理的情感问题；在社会学科中，美学是一种基于工具而又超越工具的情感问题；在艺术学科中，美学则是一种基于符号而又不断超越既有符号的情感问题[①]。从美学角度看，情感满足源于人们对于"美"的探究；从品牌角度看，品牌是兼具社会学科和艺术学科的研究领域，既包括

---

① 陈炎. 创新与跨越：美学研究的三种路径 [J]. 中国社会科学，2012（6）：170-208.

了以"情感"为工具的形象塑造和关系维护，又包括了以 VI（Visual Identity）为主的视觉审美传达。换句话说，品牌是通过消费者与品牌信息互动而创造新的价值意义空间的过程。在建构国家形象上，第一，品牌的设计创意要能够体现塑造国家形象的审美品质；第二，品牌的情感诉求要能展现国家形象的美学表达。

首先，品牌设计是饱有审美情趣的，可以感受一国的艺术素养和民族气质。近年来，很多设计学领域的学者发表了从民族艺术的设计角度提升国家形象的观点。谢蔚莉（2016）通过对有福湘绣、古吴绣皇、非素刺绣、伊飞湘绣等刺绣品牌的调研发现，非物质文化元素的设计应用对我国民族品牌的发展具有重要意义。李端妮（2017）提出，中国传统图形是具有一定寓意和民族风格的图案，表达了东方人宽容豁达、含蓄柔和的东方精神，是我们中华民族的宝贵艺术财富[①]。胡佳音（2017）认为，随着近年来中国民族文化荣誉感的消费意识不断提升，中国传统文化在品牌视觉设计领域的融合显得尤为必要，不仅能够在国际范围内获得对我国传统文化的理解和尊重，更能够提升中华民族的核心精神和文化地位[②]。中国民族元素不仅符合现代审美内涵，更有着体现中华民族五千年历史文明的设计理念和价值内涵，通过将体现我国"吉祥""和平""兴盛"等民族元素所具备的审美价值理念融入到品牌的设计活动中，必然能够丰富品牌的审美内涵，进而提升国家形象的诠释和表达。

其次，品牌的艺术价值能够展现国家形象内涵的精神追求，反映国家精神的艺术境界。以奢侈品品牌为例，法国学者鲁克斯和弗洛克（Roux，Floch，1996）提出，奢侈品品牌文化是伦理与美学的结合[③]。卡普费雷（Kapferer，1998）认为，"工匠艺术"与"原始创始人的历

---

① 李端妮. 中国传统图形在茶叶品牌视觉设计中的应用研究 [J]. 福建茶叶，2017（11）：233.

② 胡佳音. 传统文化与品牌视觉设计融合分析 [J]. 艺术科技，2017（4）：218.

③ 彭传新. 奢侈品品牌文化研究 [J]. 中国软科学，2010（2）：69-77.

史传承"是奢侈品品牌的重要资产①。奢侈品品牌符号价值体系由艺术价值、文化价值、心理价值、社会价值构成②，它带给消费者的是品牌背后的历史、文化、审美、享乐、梦想等因素加起来所呈现的自我价值，进而透视出国家的文化素养和审美情趣。例如，圣罗兰公司于20世纪90年代初期推出"香槟"品牌的香水，获得了极大的成功，消费者基于香槟的各种文化联想，感知到法国优雅的生活、高贵的皇室地位等美学形象；劳斯莱斯一直坚持着手工制造车身的传统，"银色天使"车身由500个零件组成，生产一辆车需要400小时精心打造，消费者能够联想到英国王室的雍容高贵和典雅繁华；创立于1839年的百达翡丽是日内瓦历史最为悠久的独立家族制表企业，高贵的艺术境界与昂贵的制作材料塑造了百达翡丽经久不衰的品牌效应，"追求完美"成为消费者感知日内瓦工匠精神的最佳代名词。而在中国，旅游品牌——故宫展现了中华五千年文化的精髓，表现了中国劳动人民高超的工艺水准和清代宫廷的艺术风格，反映了我国明清时期生产工艺的水平；长城是世界十大建筑奇迹之一，是中华民族聪明智慧、艰苦勤奋、坚韧刚毅的民族精神的象征；服饰品牌中如设计师品牌"例外"，以大胆破格著称，利用对环境无害、能循环再造的物料结合传统纺织、刺绣技术，以及对传统的敬重获得时装界的好评，体现了中国服饰"寻找当代中国生活美学的自我"的品牌理念；科技品牌——小米在工业设计领域不断突破，如2018年4月雷军在接受中国产业经济信息网采访时表示，小米 MIX 的全面屏设计在全世界获得了高度评价，先后被法国蓬皮杜艺术中心等三大世界级博物馆收藏，这是中国消费电子产品首次被世界级艺术博物馆收藏，体现了中国品牌"创新、品质和设计"新的艺术形象。

---

① 朱庆安，郭君.试论奢侈品品牌文化中的美学价值 [J].商业时代，2008（14）：20-23.

② 杨先顺，郝晟.奢侈品品牌符号价值生产的深层动因与形成机制 [J].新闻界，2014（2）：45-60.

四、品牌即持续的关系，有利于维护国家形象的信任契约

国际公众是公共外交事件的旁观者，是文化活动的感受者，是媒介信息的接受者，却是企业产品的消费者。品牌区别于公共外交事件、文化活动和媒介塑造的重要维度在于品牌与消费者之间存在着一种"购买"关系。消费行为使人与品牌之间增加了一份契约精神，这种精神的心理作用机制即心理契约。心理契约是社会交换理论的一个基本概念，研究对象是企业与员工之间的心理感知状态，关注的核心是企业与员工的关系问题，即"强调心理契约是员工对于个体与企业之间相互责任与义务的知觉和信念系统"[1]。约翰·科特（Kotter，1973）将心理契约定义为"个人与其组织之间的一种隐含契约，它界定了各方期望从关系中彼此所给予和所接受的东西"[2]。罗林（Roehling，1997）指出，虽然心理契约概念最初是用来描述企业与雇员的工作关系，但它已经一般化地用来描述许多关系，如房东和租户之间的关系、师生之间的关系、咨询员与客户之间的关系、夫妻之间的关系等[3]。

随着心理契约理论的不断发展和深化，有学者将其引入营销学领域聚焦品牌与消费者的交换关系。保罗·帕沃罗和大卫·格芬（Paul A.Pavlou，David Gefen）于2005年将这种关系定义为"消费者对品牌所承诺的义务或责任的感知及信念"[4]。罗海成、范秀成（2005）通过实证研究指出，心理契约的研究维度主要有交易心理契约和关系心理契约[5]。首先，交易心理契约是指短期的通过货币化的交换带来的回报

---

① Rousseau D M . New hire pereeption of their own and their employer's obligations: a study of psy chological contracts[J] .Journal of organizational behavior, 1990, （1）: 389-400.

② Kotter J P. The psychological contract [J]. California Management Review,1973,15（3）: 91- 99.

③ Roehling, Mark V. The Origins and Early Development of the Psychological Contract Construct [J]. Journal of Management History, 1997,3（2）: 204- 217.

④ Paul A.Pavlou, David Gefen.Psychological contract violation in online marketplaces: antecedents,consequences,and moderating role [R].Working paper, Anderson Graduate School of Management University of California,2005.

⑤ 罗海成, 范秀成. 基于心理契约的关系营销机制: 服务业实证研究 [J]. 南开管理评论, 2005,（6）: 48-55.

和利益。品牌在交易心理契约维度，通过货币交易与消费者产生利益交换，相比无须付费的信息，通过购买而得的产品信息需要更多的涉入度，消费者可感知到的国家形象则相对深入、细致。一方面，消费者可透过产品感受到"尊重"。R35（巴基斯坦）说道：我很乐意购买更多的中国产品，（因为）它们品种多样，更重要的是它们在生产的同时就考虑到用户的需要。另一方面，产品体验会增加消费者的"信任"。R7（土耳其）提道：我非常确信，华为手机的高品质让我对中国产生了极大的信任。余可发（2009）提出，消费者与品牌之间存在的拟人化关系，这就意味着品牌关系中消费者也必然存在对品牌的心理契约①，即消费者对品牌所承诺的义务或责任的所感知到了"尊重"和"信任"。

其次，关系心理契约是指长期通过情感维护和持续关注而得到的交互关系。在关系心理维度上，消费者对品牌应有责任和义务的主观感受会迁移到对品牌来源国的认知评价，通过消费者建立良好的品牌信任与品牌忠诚，建构的国家形象也更加积极、稳定。在"尊重"和"信任"之后，消费者会产生"依赖"，R15（乌克兰）谈到微信时说：我大约每天要使用两个小时微信，它帮我们解决了很多的问题，买火车票、飞机票，以及订餐、借钱、和他人交流，都离不开微信，我不敢想象没有微信（我在）中国的生活。品牌忠诚度的建立通过"推荐"而积累，R23（韩国）使用过华为平板电脑，随后又购买了小米耳机，几次高品质的用户体验让他相信中国品牌的质量，他说：所以我把小米手机推荐给了我哥哥。品牌与消费者关系的进一步提升，也滋生出消费者的品牌期待。R8（韩国）谈道：我对中国产品持续兴趣的原因是因为我对中国品牌产生了期待，并且这种期待还在快速增长。让人欣慰的是，中国品牌通过不断地创新，也在不停地满足我的期待，没有让我失望。

综上，在品牌关系情景下，消费者心理契约的来源就是品牌做出

---

① 余可发.消费者—品牌关系维系：基于心理契约的研究 [J].当代财经，2009（4）：72-76.

的明显的或暗含的承诺，这种承诺结合消费者的理解形成了一种双方之间的契约关系。契约精神的产生，折射出消费者对品牌的尊重、信任、依赖、推荐和期待，由品牌构建的国家形象以此为依据，更加细致、稳定。

第二节　研究贡献：品牌建构国家形象理论创新

一、品牌建构国家形象认知机制

建构主义视域下的国家形象观，明确了国家形象作为国际关系体系里国家身份的反映，是在国家间交往互动中通过共有知识的达成而建构出来的。国家间身份的确定代表着各自国家利益的划分，进而确定彼此心中的国家形象。建构主义理论中，认知不协调理论和"集体自尊"需求是国家形象建构的动因；"交往互动"和"共有知识"是建构国家形象的核心因素；"信息传播—共有知识—国家形象"是国家形象的建构机制。建构主义认为，国家形象不是客观固有的，而是在国际关系体系中，通过国家间的交往互动而产生的，是国家身份的折射，是国家间达成共有知识后形成，表现为国际受众心中概括性的评价和印象。前文归纳演绎出建构主义理论下国家形象的建构机制即"信息传播—共有知识—国家形象"。另外，根据认知透镜模型，国家形象的认知主体是国际公众，认识客体是国家的客观事实，通过一系列传播渠道形成了对国家的重构。将国家形象的建构机制与"透视模型"相结合，再将国家形象认知心理作用融入此图中，便构成了图7.1完整的国家形象建构机制。

从传播学的角度来看，传播的实质就是以符号和媒介为载体而交流信息的一种社会互动过程。在这个过程中，人们通过交换信息建立关系，形成共有知识，完成自我信息的补充、强化和改变。而共有知识的生成是品牌要素作用于消费者的过程，当品牌要素以信息流的形式从企业传递到消费者后，国际消费者处理信息的内在过程便是"共有知识"的建立过程。信息如何筛选、如何留存、如何转换属于消费者的主观意识范畴，本书借助心理学、社会学、传播学等学科的相关知识进行研究，演绎出图7.2建构主义视域下国家形象的认知过程。

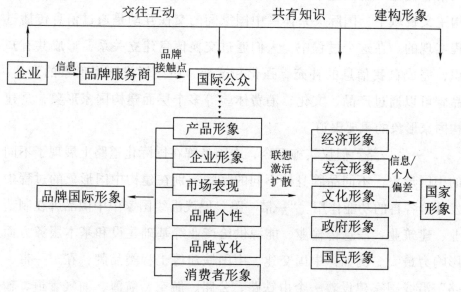

图 7.1 建构主义视域下国家形象建构机制

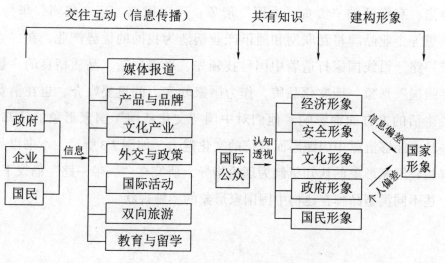

图 7.2 品牌建构国家形象认知机制

二、中国品牌对国家形象的差异化建构

"交往互动"阶段，中国品牌以"基建领域""科技领域""文化领域"为主要路径构建国家形象。品牌是企业与消费者通过沟通和互动达成的共识，它以产品为基础，以名称、标识等显性要素为载体，以人格、文化等隐性要素为支撑，是消费者的一种整体认知与感受。建构主义视域下，国际关系体系中国家间的交往互动是通过信息传播过程实现的。在这个过程中，人们通过交换信息建立关系，形成共有知识，完成自我信息的补充、强化和改变，最终形成国家形象的塑造。品牌可以通过产品、文化、消费体验等多个层面建构国家形象，是建构国家形象的重要渠道。

"一带一路"倡议实施至今，中国品牌在国际化道路上展现了不同的中国形象，不同品牌身处不同的品牌类别在建构中国形象的过程中发挥着各自的功能作用。"一带一路"倡议沿线国家中中国品牌在制造业、建筑业、信息传输业、能源供给产业等基础建设和基本服务方面影响力最大。例如，中国交建、中国铁建等工程类品牌，在"一带一路"沿线国家建设着一个由铁路、公路、航空、航海、油气管道、输电线路和通信网络等组成的综合性立体互联互通网络，彰显了中国有担当、有胸怀的"负责任大国"形象；阿里巴巴、京东集团、华为、联想等企业品牌将互联网和通讯产业塑造为我国的优势产业，在"一带一路"沿线国家打造着中国科技领先、思想创新、品质精良的"数字强国"形象。而文化品牌，作为国家软实力的重要媒介，也在消费者生活的方方面面影响着他们对中国"文化新国"国家形象的认知，并且更能够流露中国深厚而自信的文化魅力。如图7.3所示，本书以品牌构建国家形象的认知机制为理论指导，研究在"一带一路"倡议下，上述不同类型品牌在建构中国国家形象的实施现状。

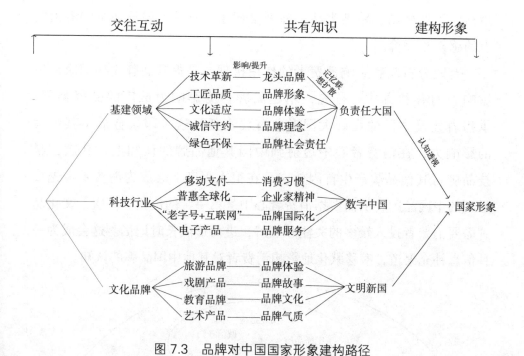

图 7.3 品牌对中国国家形象建构路径

三、中国品牌建构国家形象作用机制

在共有知识形成阶段，消费者通过记忆联想模型将品牌信息与中国的国家形象相关联，"负责任大国""数字中国""文化新国"等形象成为最核心的主体形象。这些丰富多样的国家形象认知，通过消费者的个体差异和认知差异再产生不同的认知透视作用，最终形成一个相对完整、稳定的对中国国家形象的认知。

品牌类别的划分区别开了不同品牌在建构国家形象时的不同作用。基建品牌以打造"负责任大国"形象为目标，通过一系列大型工程建设，从根本上解决了消费者的生活保障问题，对消费者的影响是缓慢而逐步的。科技品牌以打造"数字强国"为目标，从网络铺设、电子产品再到电子商务的发展，对消费者的影响快速而直接。文化品牌以打造"文明新国"为目标，利用多种文化形式传递中国的文化精髓，通过思想的渗透而影响消费者对中国的认知。品牌占据了消费者基本生活、消费生活、精神生活，分别是积累、直接、渗透地影响着消费者的感知和评价。

有效分析品牌影响消费者的作用机理，是提升品牌建构国家形象影响力的有利方式。首先，基建品牌作为影响力最广的品牌类别，承担着建设中国的良好大国形象首要责任。这一印象会借由其广大的影响力，在消费者心中透射到中国其他品牌的认知上。其次，科技品牌对其他品牌产生首因效应。在很大程度上会成为消费者最先接触到的中国品牌，从而占据消费者心中"第一"的位置。再次，文化品牌需要消费者投入较多的关注和理解，进而形成长时记忆。这会成为一种信息补充渠道，潜移默化地影响消费者对其他中国品牌的认知。

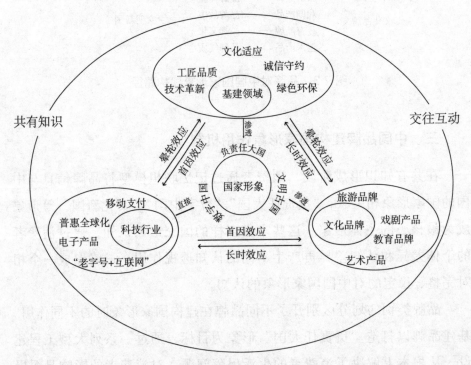

图 7.4　品牌建构中国国家形象作用机制

四、中国品牌提升国家形象三维路径

以我国品牌在"一带一路"发展现状为基础，结合品牌建构中国国家形象的影响因素三维视角分析，形成解决中国品牌建构国家形象的分析框架与路径指向——提升品牌建构中国国家形象的三维路径。

路径一，通过构建扎实的基础能力体系，实现品牌国际形象的提升。首先，中国品牌需要秉承国际认同的商业价值观，以自主创新为动力，找准品牌自身与国家形象的相关性，进而确定品牌建构国家形象的长远品牌战略规划。其次，贴近市场需求，重视消费者体验。再次增强品牌的文化价值，促进民心相通。最后通过增强风险意识，规避品牌负面溢出效应。

路径二，打造高效的品牌国际化传播体系，实现国际化品牌认同的构筑。首先国际化传播理念重建。品牌的背后是价值观，而价值观背后是国家的性格与气质。只有树立这样的国际化传播理念，中国的品牌才能真正做到文化自信，获得以中国文化为基础的全球价值。其次，国际化传播能力提升，即发挥新媒体优势。整合国内外媒体资源，注重受众的差异性研究，全面加强中国品牌之于"一带一路"的传播力度。

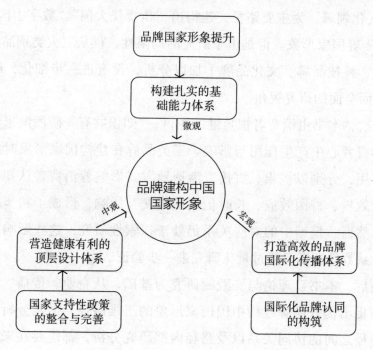

图 7.5 中国品牌提升国家形象三维路径

路径三，营造健康有利的顶层设计体系，实现国家支持性政策的整合与完善。"一带一路"倡议是基于全球的国家建设，蓝图的顶层设计在国家，蓝图的实施层面在品牌。为了充分发挥品牌硬实力和软实力的双重作用，需要在国家高度制定"一带一路"发展战略，增强优势产业与龙头品牌的先锋作用，构筑品牌类别的差异化目标，重视品牌建构国家形象的柔性力量。

第三节　研究不足与未来展望

一、研究不足

首先，本书从企业视角出发，对不同品牌类别建构国家形象现状进行了分析，即"交往互动"阶段中国品牌以"基建领域""科技领域""文化领域"为主要路径，建构出"负责任大国""数字中国""文化新国"等国家形象。但是由于研究的局限性，仅从三大类别品牌（基建品牌、科技品牌、文化品牌）加以分析，没有进一步细化，缺少更加丰富而全面的研究视角。

其次，本书由消费者视角继续探讨，"知识共有"阶段国家形象如何在消费者心中产生作用与影响。三类品牌在建构国家形象时发挥着不同作用，分别以积累、直接、渗透地方式影响着消费者认知，并通过晕轮效应、首因效应、长时记忆形成交互影响，形成了初步的逻辑关系。然而，模型中的对应关系仍处于探索性研究，这些影响关系的强弱、系数等还需要通过量化研究进一步验证。

最后，本书以理论与实践的研究为基础，从企业、传播、政策三个层面提出提升品牌建构中国国家形象的三维路径。但是分析不够深入，路径之间的协同关系以及路径内部研究分析，都需要在未来的研究中继续探讨。

二、未来展望

首先，本书属于探索性研究，立足品牌视角，探讨品牌层面在建构国家形象的建构机制。但是，品牌之于国家形象的影响是消费者的认知而体现的，这就要求对"一带一路"沿线国家的消费者进行实地考察。但是倡议覆盖71个国家和地区，数量庞大而复杂，样本选择是否具有足够代表性是个重要问题。因此，以选取"一带一路"某一区域或某一国家为研究对象相对容易执行。

其次，本书以"影响力"为主要标准选取出三大类别品牌，而实际有些中小企业，以及"一带一路"沿线当地华商也都发挥着不同作用。相较三大类别品牌而言，这些企业在当地的经营更加本土化，对消费者的影响或许更紧密。因此，未来应该加强对这些企业的研究，把它们丰富到差异化建构国家形象的类别当中。

最后，以电子商务为核心的互联网企业，从消费习惯、媒介观念、社交方式直至生活的方方面面，带给"一带一路"沿线国家的改变是颠覆性的。这种颠覆性，不仅能够扭转旧有对中国的"刻板印象"，还可能创造对国家形象认知的新高度。但事实是，华为等品牌在推向国际市场时的"去中国化"策略，与塑造国家形象目标相悖。因此，对于品牌塑造国家形象的历史责任和企业商业利益之间的平衡，需要进一步探讨。

参考文献

一、外文文献

[1] Advantage.Journal of Strategic Marketing,2002,10（2）：157-168.

[2] Baker,M.L.Ballington Country of Origin as a Source of Compefitive

[3] Belk R W. Possessions and the Extended Self［J］. Journal of Consumer Research,1988,15（2）：139-168.

[4] Biel Alexander L.How Brand Image Drives Brand Equity[J].Journal of Advertising Research，1993,6.

[5] Brakus, J.J., Schmitt, B.H., Zarantonello, L. Brand Experience：What is it? How is it Measured？Does it affect Loyalty[J].Journal of Marketing,2009,（73）.

[6] BRELSFORDJ W,SHIFFRIN R M，ATKINSON R C. Multiple reinforcement effects in short -termmemory［J］.British journal of mathematical and statistical psychology,1968,21（1）：1-19.

[7] COLLINSAM,LOFTUSEF. A spreading activation theory of semantic processing［J］.Psychological review，1975,82（6）：407-428.

[8] CRESTANI F. Application of spreading activation techniques in information retrieval[J].Ar-tificial Intelligence Review, 1997, 11（6）：453-482.

[9] Egon. The Conceptual Framework of Psychology［M］.Chicago：University of Chicago Press,1952.

[10] Erickson Gary M.,Johoy K.Johansson,Chao Paul Image Variables in Multi-Attribute Product Evaluations: Country-of-Origin Effect [J] .Journal of Consumer Research,1984,11（9）: 694-699.

[11] Han C.Min,Veto Terpstra.Country of Origin Effects for Uninational and Binational Products [J] .Journal of International Business Studies,1988,19（2）: 235-255.

[12] Han C.Min.Country Image: Halo or Summary Construct7 [J] . Journal of Marketing Research, 1989,26（2）: 222-229.

[13] Hirschman E C,Holbrook M B. Hedonic Consumption: Emerging Concepts,Methods and Propositions [J] .Journal of Marketing,1982（46）: 92- 101.

[14] Kapferer J.N. Strategic brand management: Creating and Sustaining Brand Equity[M].Long Termkogan Page，2003:89-90.

[15] Keller, Kevin Lane. Strategic Brand Management: Building, Measuring and Managing Brand Equity[M].Prentice-Hall, 1998.

[16] Kenneth E.Boulding," National Images and International Systems" [J]. Journal of Conflict Resolution June,1959,3(2):122.

[17] Kenneth E.Boulding.The Image. Knowledge in Life and Society[M]. Ann Arbor,Mich: University of Michigan Press,1956: 120-121.

[18] Kotter J P. The psychological contract [J]. California Management Review,1973,15（3）: 91- 99.

[19] KRISHNAN, H S. Characteristics of Memory Associations: A Consumer -Based Brand Equity Perspective[J] .International Journal of Research in Marketing. 13, 1996:385-409.

[20] Laroche Michel,Papadopoulos Nicolas,Heslop Louise,etal.The Influence Of Country Image Structure on Consumer Evaluations of Foreign Products [J] . International Marketing Review,2005,22（1）: 96-115.

[21] Lee Oongdae,Ganesh Gopala.Effects of Partitioned Country Image in the Context of Brand Image and Familiarity: A Categorization Theory

Perspective［J］.International Marketing Review, 1999,16（1）：18-39.

[22] Levitt,T,The Globalization of Markets[J] .Harvard Business Review,1983,61（3）：39-49.

[23] Loftus E F. Activation of semantic memory [J]. The American Journal of Psychology,1973：331-337.

[24] Martin. A.U.S.Made Toys Benefit from China＇s Troubles[M].The NewYork Times,2007.

[25] Nebenzahlid,Jaffeed .Towards A Theory of Country Image Effect on Product Evaluation [J].Management International Review,1997,37（1）：27-49.

[26] Omar, M. Williams,R.L. ,Lingelbach,D. Global Brand Market-entry to Manage Corporate Reputation[J] .Journalof Product ＆ Brand Management, 2009,18（3）：177-187.

[27] Papadoproulos Nicolas,Louise Heslop.Country as Brand［J］.Ivey Business Journal, 2000,（Nov./Dec）.

[28] Park, C. Whan, Bernand J. Janorski, Deborah J. MacInnis. Strategic Brand Concept-Image Management［J］.Journal of Marketing, 1986,50 :135-145.

[29] Paul A.Pavlou ＆David Gefen.Psychological contract violation in online marketplaces：antecedents,consequences,and moderating role [R].Working paper, Anderson Graduate School of Management University of California,2005.

[30] Philip Kotler,Donald Harder,Irving Rein.Marketing Places[M].New York,The Free Press,1993

[31] Robert Jarvis,The Logic of Images in International Relations[M].New Youk：Columbia University Press,1989.

[32] Roehling, Mark V. The Origins and Early Development of the Psychological Contract Construct [J]. Journal of Management History, 1997,3（2）：204- 217.

[33] Rousseau D M . New hire pereeption of their own and their employer' s obligations：a study of psy chological contracts[J] .Journal of organizational

behavior, 1990,（1）: 389-400.

[34] SOLSO R L, MACLIN O H, MACLIN M K. Cognitive Psychology: Pearson New Interna-tional Edition[M] .Pearson Higher Ed, 2013.

[35] Thomas Hugh Feeley（2002）.Comment on halo effects in rating and evaluation research. [J]Human Communication Research, 2002,28(4): 578-586.

二、中文文献

[1] 现代汉语词典 [M].北京：商务印书馆，2002：1410.

[2] 英汉双解剑桥国际英语词典 [M].上海：上海外语教育出版社，2001：1248.

[3] 埃森哲中国卓越绩效研究院 . 行百里，半九十：中国企业通往国际竞争之路 [R]// 王志乐 .2012走向世界的中国跨国公司 . 北京：中国经济出版社，2012.

[4] 阿里巴巴发布《网上丝绸之路大数据报》[EB/OL] . 人民网，2017-04-22.

[5] 艾利艾智库 . 中国品牌企业海外形象传播观察 [EB/OL]. 搜狐网，2018–05–28.

[6] 百家号 . 京东遭集体诉讼中企已被美国律所盯上 [N]. 时代财经，2018-09-06.

[7] 波特 . 集群与新竞争经济学 [J]. 哈佛学报，1998，76（6）：77 -90.

[8] 伯恩德 · 施密特 . 体验营销 [M]. 刘银娜，等，译 . 北京：清华大学出版社 ,2004.

[9] 陈炎 . 创新与跨越：美学研究的三种路径 [J]. 中国社会科学，2012（6），170-208

[10] 程曼丽 . 国家形象塑造及其问题与对策 [M]// 周明伟 . 国家形象传播研究论丛 . 北京：外文出版社，2008：16-26.

[11] 大卫 · 艾克 . 创建强势品牌 [M]. 李兆丰，译 . 北京：机械工业出版社，2012.

[12] 大卫 · 艾克 . 品牌经营法则 [M]. 呼和浩特：内蒙古人民出版社，1998.

[13] 单培勇.关于国民素质概念及特征的再探讨 [J].新乡师范高等专科学校学报，2003（4）.

[14] 丁桂兰，等.品牌管理学 [M].北京经济管理出版社，2012，3.

[15] 丁锦红，郭春彦.工作记忆的脑机制研究 [J].心理科学，2001，24（5）：583-585.

[16] 董青凌，李爱华.和平发展合作：关于中国国家形象建设的几点思考 [J].理论学刊，2006（4）.

[17] 杜峰.销售收入破6000亿三十而立的华为引领全球方向 [N].通信信息报，2018 –01–19（A05）.

[18] 范秀成，陈洁.品牌形象综合测评模型及其应用 [J].南开学报（哲学社会科学版），2002（3）.

[19] 方长平.国家利益的建构主义分析 [M].北京：当代世界出版社，2002,93.

[20] 冯晞."一带一路"与中企软实力："一带一路"年度报告从愿景到行动 [M].北京：商务印书馆，2016：101.

[21] 富垠.刘强东案 京东史上最严重的危机 [N].美国华尔街日报，2018-09-07.

[22] 高俊.地图的空间认知与认知地图学：地图学在文化与科技领域的新探索 [C]// 地图学寻迹：高俊院士文集.北京：测绘出版社，2012.

[23] 装备制造业"走出去"擦亮中国新"名片"［EB/OL］.中国日报网，2015-02-26.

[24] 国家信息中心"一带一路"大数据中心、大连瀚闻资讯有限公司."一带一路"贸易合作大数据报告2018[R/OL].中国一带一路网，2018-05.

[25] 中国高铁走出去："一带一路"海外基建投资"排头兵"［EB/OL］.国务院新闻办公室网站，2016-06-16）.

[26] 海外网.2018年中央企业海外品牌形象传播报告：海外社交媒体开通率达 43.8%[EB/OL].搜狐网，2018-09-14.

[27] 何佳讯.以民族文化基因培育"中国品牌 [N].文汇报.2013-08-15.

[28] 胡佳音.传统文化与品牌视觉设计融合分析 [J].艺术科技，2017（4）,218.

[29] 江明华，曹鸿星.品牌形象模型的比较研究 [J].北京大学学报（哲学社会科学版），2003（3）：107-115.

[30] 蒋環萍.企业品牌内涵及其生成模式 [J].北京工商大学学报社会科学版，2009（3）：41-44.

[31] 蒋廉雄，卢泰宏.形象创造价值吗？服务品牌形象对顾客价值—满意—忠诚关系的影响［J］.管理世界，2006（4）：104.

[32] "一带一路"助力工程机械出口创新高 首次突破200亿美元［EB/OL］.中国经济网，2018-02-15.

[33] 凯文·莱恩·凯勒.战略品牌管理[M].北京：中国人民大学出版社，2003.

[34] 李端妮.中国传统图形在茶叶品牌视觉设计中的应用研究.福建茶叶，2017（11）：233.

[35] 李桂华、余伟萍.信息视角的消费者—品牌关系建立过程：SCPRUC 模型 [J].情报杂志，2011（7）：190-196.

[36] 李果，21世纪经济报道［EB/OL］.中国一带一路网，2017-12-28.

[37] 李宏莲，成伟.论企业形象的塑造 [J].纺织器材，2011（9）：54-57.

[38] 李沙沙.首因效应与品牌再造：以加多宝整合营销策略为例 [J].新闻世界，2012（10）：109-110.

[39] 李晓灵.国家形象构成体系及其建模之研究 [J].北京理工大学学报（社会科学版），2015,17（2）：136-141

[40] 李雪婷.雇主品牌内涵及核私构成要素研究 [J].理论探讨，2010（11）：23.

[41] 李彦亮,品牌文化营销探析 [J].金融与经济，2006（4）：56-58.

[42] 李智.中国国家形象：全球传播时代建构主义的解读 [M].北京：北京新华出版社，2011：44.

[43] 刘强.论品牌传播效果 [J].现代营销，2017（5）：54-55.

[44] 刘强.论品牌类型及其建构动因 [J]. 现代营销，2010（12）：10-12.

[45] 刘强.推动"一带一路"文化创意的贸易交流与合作［EB/OL］.中国文化研究网，2018-11-29.

[46] 刘欣然.浅谈文化因素对国际消费者行为的影响［J］.纳税，2017（10）：139.

[47] 刘洋.面向舆情文本的事件语义聚集融合与激活扩散方法及其应用研究 [D].上海：上海大学，2016：50.

[48] 刘追，张志菲，姜海云."一带一路"建设与中国企业管理国际化 [J].经济管理，2018（3）.

[49] 罗伯特·西斯.危机管理 [M].北京：中信出版社，2004.

[50] 罗海成，范秀成.基于心理契约的关系营销机制：服务业实证研究 [J].南开管理评论，2005（6）：48-55.

[51] 罗选荣，韩顺平.基于顾客体验的服务品牌接触点管理 [J].技术经济与管理研究，2013（8）：69-73.

[52] 罗子明.品牌形象的构成及其测量 [J].北京工商大学学报（社会科学版），2001（4）.

[53] 吕荣胜，拓晓瑞.品牌接触点战略管理研究 [J].河北科技大学学报（社会科学版），2008（3）：22-26.

[54] 吕秀娟.邓小平国家形象思想及其历史价值 [J].信阳农业高等专科学校学报，2011（3）.

[55] 马彬彬.中外品牌形象理论研究综述 [J].赤峰学院学报，2013（5）：41-43.

[56] 马哲明、肖艳.文化品牌研究文献综述 [J].北华大学学报（社会科学版），2014（12）：54-57.

[57] 迈克尔·波特.国家竞争优势［M］.北京：华夏出版社，2002：9.

[58] 蒙象飞.中国国家形象建构中文化符号的运用与传播 [D].上海：上海外国语大学，2006.

[59] 米尔顿·科特勒.中国品牌的根本出路 [J].新营销（桂林），2009

（8）：14-15.

[60] 米尔顿·科特勒.中国国家品牌缺失的原因何在 [J].IT 时代周刊，2009（5）:60-61.

[61] 诺伯特维纳.人有人的用处 [J].陈步，译.北京：商务印书馆，2008：20.

[62] 彭传新.奢侈品品牌文化研究 [J].中国软科学，2010（2）：69-77.

[63] 国家新闻出版广电总局：与"一带一路"沿线国家影视作品合作会越来越多［EB/OL］.中国政府网，2017-05-13.

[64] 乔旋.从文化外交战略看中国国家形象的构建 [J].党政论坛，2010（3）.

[65] 秦辉，邱宏亮，吴礼助.品牌形象的构成研究 [J].现代经济，2009（8）：100-102.

[66] 国家发展改革委，外交部，商务部.推动共建丝绸之路经济带和21世纪海上丝绸之路的愿景与行动 [N].人民日报，2015–03–29（004）.

[67] 新华社.五年来我国同"一带一路"沿线国家贸易额超5万亿美元 [EB/OL].人民政府网，2018-08-27.

[68] 人民日报·海外版.明斯克郊外的中国身影［EB/OL］.国务院新闻办公室网，2017-02-23.

[69] 人民网 - 人民日报海外版.习近平谈文化自信［EB/OL］.中国共产党新闻网，2016-07-13.

[70] 宋清辉.核电接力中国装备"出海"第二棒 宋清辉：中国正从"世界工厂"向投资输.[EB/OL］.搜狐网，2015-02-09.

[71] 苏诗钰.上半年我国对外非金融直接投资同比增长58.7%［N］.证券日报，2016-07-22.

[72] 孙兴昌.新时代中国国家形象的塑造［J］.长白学刊，2018（2）.

[73] 索尔所.认知心理学［M］.邵志芳，译.上海：上海人民出版社，2008：240 -245.

[74] 谭勇，品牌传播长期有效性探析：基于艾宾浩斯遗忘曲线和品牌核心价值.企业经济，2008（6）：33-37.

[75] 唐·舒尔茨.新整合营销［M］.北京：中国水利水电出版社，2004：49-51.

[76] 田圣炳,原产地形象作用机制：一个动态的综合模型［J］.经济管理，2006（1）：44-47.

[77] 万晓红.北京奥运会报道与中国国家形象塑造的实证分析 [J].首都体育学院学报，2006（6）：694-697

[78] 汪秀英.论企业品牌要素的多元组合与运行机制 [J].现代经济探讨，2006（4）：12-18.

[79] 王胜三.一带一路百问百答［M］.北京：中国社会出版社,2015：3-4.

[80] 王秀丽,韩纲."中国制造"与国家形象传播：美国主流媒体报道年内容分析［J］.国际新闻界，2010（9）：53.

[81] 王钰.权力与声誉：对中国在美国国家形象及其构建的研究［D］.上海：复旦大学，2006.

[82] 王悦.受众心理对大众传媒的影响：受众选择心理在大众传媒中的定位［J］.西安航空技术高等专科学校学报，2010（11）:90-93.

[83] 王忠义,谭旭,黄京.基于激活扩散理论的数字图书馆用户认知结构挖掘[J].图书情报工作，2017（13）:117-125.

[84] 韦明.企业的品牌全球化战略[J].经营管理者，2012（12）：58-59.

[85] 韦森.法治创造 GDP[J].瞭望东方周刊，2006（40）.

[86] 温特.国际政治的社会理论 [M].秦亚青，译.上海：上海人民出版社，2000：295.

[87] 吴晓达.文化差异对国际营销的影响及对策［J］.北方经贸，2018（4）.

[88] 吴新辉,袁登华.消费者品牌联想的建立与测量 [J].心理科学进展，2009，17（2）：451–459.

[89] 吴友富.中国国家形象的塑造和传播 [M].上海：上海复旦大学出版社，2009：7.

[90] 伍海英."编码—解码"理论在跨文化传播中的应用与发展 [J]. 新闻与传播研究,2010(1):4-5.

[91] 习近平出席首届中国国际进口博览会开幕式并发表主旨演讲〔EB/OL〕. 新华网,2018-11-05.

[92] 李克强强调:着力增品种提品质创品牌 [EB/OL]. 新华网,2018-05-10.

[93] 习近平在"一带一路"国际合作高峰论坛开幕式上的演讲〔EB/OL〕. 新华网,2017-05-14.

[94] 徐绍华,李海樱,蔡春玲. 中外丝绸之路战略比较研究 [J]. 云南行政学院学报,2016(1):165-171.

[95] 薛瑞芳. 基于受众选择3S 理论的博物馆公共价值的发挥〔J〕. 文博,2016(1):90-92.

[96] 杨楠. 品牌国际化形象对消费者行为的影响 [J]. 经济体制改革,2015:126-132.

[97] 杨先顺,郝晟. 奢侈品品牌符号价值生产的深层动因与形成机制. 新闻界,2014(2):45-60.

[98] 杨毅. 让汉语之花绚丽绽放 [N]. 人民日报,2017-05-15(13).

[99] 叶春丽. 国际传播中国家形象定位及传播策略 [J]. 新闻研究导刊,2015(10):210-211.

[100] 余可发. 消费者—品牌关系维系:基于心理契约的研究 [J]. 当代财经,2009(4):72-76.

[101] 袁清. 浅论塑造企业品牌形象 [J]. 企业经济,2006(11).

[102] 约瑟夫·奈. 硬权力与软权力 [M] 门洪华,译. 北京:北京大学出版社,2005:97-98.

[103] 悦世雄,等. 当代西方国际关系理论 [M]. 复旦大学出版社,2009:224-225.

[104] 张承业,朱瑞玲. 儒学在海尔工业化中的文化效应与调整 [J]. 企业文明,2001(1):36-37.

[105] 张丽华,王乐. 崛起中的国家形象塑造与国际传播战略 [J]. 长白

学刊, 2010（5）.

[106] 张毓强，张楠."面向 2008 年的公共外交与国家形象论坛"述评[J] 现代传播.

[107] 郑雷，江苏佳.企业战略与国家形象传播：以华为公司为例[J].青年记者，2017（3）：53-54.

[108] 郑少华.品牌形象的构成维度研究[J].产业与科技论坛,2008(7)：199-201.

[109] 支庭荣.国家形象传播：一个新课题的凸现[G]// 刘继南.国际传播：现代传播文集.北京：北京广播学院出版社，2000：21.

[110] 中国经济.人民日报：2017年中国跨国公司数据盘点 门槛五年内提高4.48倍.[EB/OL]（2017-05-08）http：//www, 199it.com/archives/591212.html.

[111] 中国经济.人民日报：2017年中国跨国公司数据盘点 门槛五年内提高4.48倍[EB/OL].（2017-05-08）[2019-08-08].http：//www.199it.com/archives/591212.html.

[112] 文化部着力打造"一带一路"文化交流合作平台和品牌.［EB/OL］.中国经济网，2017-05-12.

[113] 中国科学院."一带一路"国际科学组织联盟成立大会暨第二届"一带一路"科技创新国际研讨会在京举行[EB/OL].中国科学院网站，2018-11-05.

[114] 中国人民大学"一带一路"建设进展课题组.坚持规划引领、有序务实推进："一带一路"建设三周年进展报告［R］.北京：中国人民大学重阳金融研究院，2016.

[115] 中国新闻网.前三季度中国与"一带一路"沿线国进出口增长13.2%［EB/OL］.中国一带一路网，2018-10-12.

[116] 周明伟.国家形象传播研究论丛[M].北京：北京外文出版社，2008：18.

[117] 朱庆安，郭君.试论奢侈品品牌文化中的美学价值[J].商业时代，2008（14）：20-23.

附　录

附录 1：50 家企业 2016、2017 年度相关报告列表

序号	报告名称
1	《国家电网有限公司 2017 社会责任报告》
2	《国家电力投资集团 2017 海外社会责任报告》
3	中国石油天然气集团《2017 企业社会责任报告》
4	《中国石化 2017 社会责任报告》
5	《2017/2018 阿里巴巴集团社会责任报告》
6	《中国铁建 2017 年社会责任报告》
7	《2017 中国中车股份有限公司社会责任报告》
8	《华为投资控股有限公司 2017 年年度报告》
9	《中国银行 2017 社会责任报告》
10	《2017 可持续发展报告中国移动通信集团有限公司》
11	《碧桂园 2017 年度可持续发展报告》

续表

序号	报告名称
12	《北京建工集团有限责任公司公司债券 2017 年年度报告》
13	《北京首创股份有限公司 2017 年年度报告》
14	《2015/2016 腾讯企业社会责任报告》
15	《中国华电集团有限公司 2017 年度可持续发展报告》
16	《国泰人寿保险有限责任公司 2016 年年度信息披露报告》
17	《2016 年社会责任报告》《深圳华侨城股份有限公司 2017 年年度报告》《我们的华侨城》（深圳华侨城股份有限公司 2017 年社会责任报告）
18	《交通银行 2017 年企业社会责任报告》
19	《中国电建 2017 社会责任报告》
20	《光明食品（集团）有限公司·2017 社会责任报告》
21	《马钢社会责任报告 2016—2017》
22	《海南航空控股股份有限公司 2017 社会责任报告》《2016 海航集团社会责任报告》
23	《2017 比亚迪社会责任报告》
24	《绿地控股集团股份有限公司 2017 年年度报告》
25	《美的 2017 社会责任报告》
26	《广东粤海控股集团有限公司 2016 年度社会责任报告》
27	《河钢集团 2017 社会责任报告》
28	《联想控股股份有限公司环境、社会及管制报告》
29	《中天钢铁集团有限公司公司债券 2016 年半年度报告》
30	《河钢股份有限公司 2017 年度社会责任报告》

序号	报告名称
31	《北京汽车股份有限公司 2017 年年报》
32	《恒大集团 2017 社会责任报告》
33	《东风汽车股份有限公司 2017 年度社会责任报告》
34	《青岛海信电器股份有限公司 2017 年度社会责任报告》
35	《万达集团 2017 年工作总结》
36	《中国海洋石油集团有限公司 2017 可持续发展报告》
37	《中国交通建设集团有限公司"一带一路"社会责任报告》《中国交建 2017 年度社会责任报告》
38	《中国化工集团有限公司 2017 可持续发展报告》
39	《复兴年报 2017》
40	《中国建设银行股份有限公司 2017 年社会责任报告》
41	《上海建工集团股份有限公司 2017 年度履行社会责任的报告》
42	《三一集团 2017 年度社会责任报告》
43	《广东省航运集团有限公司 2016 社会责任报告》
44	《2017 中国农业银行社会责任报告》
45	《江西铜业股份有限公司 2017 年度社会责任报告》
46	《京东集团企业社会责任报告 2013—2017》
47	《2017 广州汽车集团股份有限公司社会责任报告》
48	《2017 广州越秀集团有限公司可持续发展报告》
49	《TCL2017 年年度企业社会责任报告暨可持续发展报告》
50	《山东如意毛纺服装集团股份有限公司 2018 年半年度报告》

附录2："一带一路"沿线消费者访谈大纲

Dear Gentlemen / Ladies,

Thank you very much for attending my interview about perceptions on Brands from China. You may answer the questions in Chinese or English. Your inputs are meant for academic research only. Therefore, there is nothing right or wrong. Thank you again for your kind help.

访谈内容 /Content of Interview

1. 提起中国，你首先想到哪些品牌？通过什么途径了解到？

When it comes to China, what brands do you first think of? And by which means do you know about?

2. 怎么评价来自中国的品牌？请用三个词描述中国品牌。

How do you perceive the brands from China? Please describe Chinese brands in three words.

3. 你所了解到的中国是什么样子？请用三个词形容中国。

As far as you know, what's it like in China? Please describe China in three words

4. 你是否了解"一带一路"，对你或你的国家有什么样的影响？

Do you know about "Belt and Road", and what influence does it have on you or your country?

5. 你对中国高铁、中国建筑、国家电网如何评价？是否体验过产品？产品体验是否让你改变了对该品牌的看法？是否改变你对中国的看法？

How do you evaluate China High Speed Rail, China State Construction and State Grid Corporation of China? Have you ever experienced their products? Has the experience of product changed your opinion of the brand and even the opinion of China?

6. 你对阿里巴巴、腾讯、华为如何评价？是否购买过产品？产品体验是否让你改变了对该品牌的看法？是否改变你对中国的看法？

How do you evaluate Alibaba, Tencent and Huawei? Have you ever bought their products? Has the experience of product changed your opinion of the brand and even the opinion of China?

7. 你对中国旅游、影视戏剧、中华老字号、孔子学院如何评价？是否购买或体验过产品？产品体验是否让你改变了对该品牌的看法？是否改变你对中国的看法？

How do you evaluate Chinese travel, films and television drama, Chinese Old Name Brand and Confucius Institute? Have you ever bought their products? Has the experience of product changed your opinion of the brand and even the opinion of China?

8. 以上三类品牌体验过几项，先后顺序，先前体验是否影响后面的购买？多次购买的原因？

How many brands have you ever experienced for the above three categories? Do the order and the previous experience have an impact on the purchase behavior? And what's your reason for the repeat purchase?

基本信息 /basic information：

姓名 / Name：

性别 /Gender：

年龄 /Age：

国家 /Country：

现居住地 /Current City：

在华时间 / How long have you been in China：

职业 //Profession：

邮箱 /email address：

微信 /Wechat account：

谢谢 Thanks very much!

附录3：深访对象基本信息

代码	国家	性别	年龄	职业	现居住地
R1	俄罗斯	女	19	辽宁大学留学生	俄罗斯
R2	越南	男	29	越南克缇传媒公司记者	北京
R3	马来西亚	男	26	中国传媒大学留学生	北京
R4	新加坡	女	28	新加坡某公司人力资源经理	新加坡
R5	新加坡	女	28	新加坡某公司市场部销售	新加坡
R6	马来西亚	男	45	马来西亚兼职教授和国际会计师。	北京
R7	土耳其	男	33	土耳其电影导演	北京
R8	韩国	男	29	CBM 影视译制机构配音员	北京
R9	土耳其	女	35	土耳其某大学助教	丹麦

代码	国家	性别	年龄	职业	现居住地
R10	马来西亚	女	37	北京某大学留学生	北京
R11	保加利亚	男	34	保加利亚律师	上海
R12	尼泊尔	男	35	中国国际国际广播电台外请专家	北京
R13	巴拿马	女	54	北京第二外国语学院教师	北京
R14	韩国	男	40	韩国某公司高管	北京
R15	乌克兰	男	28	北京语言大学留学生	北京
R16	土耳其	女	23	北京语言大学留学生	北京
R17	巴基斯坦	男	24	北京语言大学留学生	北京
R18	乌克兰	女	27	北京第二外国语学院语言生	北京
R19	蒙古	女	22	中央戏剧学院留学生	北京
R20	韩国	女	21	中央戏剧学院留学生	北京
R21	印度	男	29	自由职业者	广州
R22	泰国	男	21	中国传媒大学留学生	北京
R23	韩国	女	22	北京第二外国语学院语言生	北京
R24	泰国	女	27	中国泰国商会实习助理	北京
R25	新加坡	女	24	北京某大学留学生	北京
R26	泰国	女	34	北京第二外国语学院语言生	北京
R27	巴基斯坦	男	39	巴基斯坦某大学教师	广州
R28	印度	男	24	华南理工大学留学生	印度
R29	罗马尼亚	女	16	中央戏剧学院交换生	罗马尼亚
R30	伊朗	男	33	上海交通大学留学生	上海

代码	国家	性别	年龄	职业	现居住地
R31	塔吉克斯坦	男	18	中国传媒大学留学生	北京
R32	巴基斯坦	男	27	巴基斯坦记者	巴基斯坦
R33	巴基斯坦	男	35	巴基斯坦记者	巴基斯坦
R34	巴基斯坦	男	32	巴基斯坦记者	巴基斯坦
R35	巴基斯坦	女	23	中国传媒大学留学生	北京
R36	阿富汗	男	33	中国传媒大学留学生	北京
R37	斯里兰卡	女	38	中国传媒大学留学生	北京
R38	尼泊尔	女	25	中国传媒大学留学生	北京
R39	保加利亚	男	29	中国传媒大学留学生	北京
R40	阿富汗	男	30	中国传媒大学留学生	北京
R41	保加利亚	女	47	经济学家	江苏常州
R42	亚美尼亚	男	30	上海某大学留学生	上海
R43	黎巴嫩	男	28	某汽车经销商	黎巴嫩

后 记

"宝剑锋从磨砺出，梅花香自苦寒来。"十年磨一剑，我终于完成了人生第一份广告学答卷。这篇饱含辛酸苦泪的博士论文背后是我对广告学14年的向往与坚守。

追寻：2004年，对未来满怀憧憬的少年报考了北京广播学院广告学专业，可惜一分之差被调剂。当同学们还在懵懂，我新生报到的第一件事便是找来广告学的课程表，将课余时间全部排满。本科四年，几乎没有游山玩水过，我最常去的地方是广告学院105。2008年考研，踌躇满志的我再次报考广告学。可是命运就是喜欢捉弄人，没想到压力在考场爆发，导致我又是一分之差落榜。现在想想，那时太年轻，只知道拼命去追赶，却不懂将压力放一放。

徘徊：2009年再次考研，在梦想面前我多么想继续学习广告，但却不得不向现实的残酷低头。本科学费每年5000元已是家里极大的负担，而研究生学费每年1万元根本无法承受。多重压力下，我做了人生最艰难的决定。从那之后，我以为我的人生再不会有"广告"了，我将这颗遗憾的种子埋在内心深处，用一层厚厚的土盖上。但是，每一次路过广告学院，每一次看到"广告学"中那些熟悉的字眼，心中总会闪过一束光。

坚定：2015年，考博的日子临近，三考广告？这个被压抑了6年的想法一经出现，便如洪水般袭来。当我意识到或许真的可能改写命运时，我便完全下定了决心。再苦、再难，吾愿赴汤蹈火。复习考博时，大女儿刚出生，新手妈妈每天只有夜里11点孩子熟睡后才能勉强看书。一天的疲倦袭来，哺乳期不能喝咖啡，不能浇冷水，只能不停掐大腿让自己不要睡。后面的求学阶段，在职、带娃、上课，时间争分夺秒，完成博士论文哪里有时间？我深知自己学术背景缺失已经被别人远远落下，我必须用破釜沉舟的决心才能高质量地完成博士论文，不负众望。走投无路时，"2胎产假写论文"这个看似天方夜谭的计划，成了我兑现承诺的唯一方法。几乎所有人都在怀疑，但是我知道，我能做到这个不可能。因为我等待这个交付答卷的时刻已经太久太久了。于是，便有了预产期前三天开题，先生拎着待产包在教室外守候；有了出月子便每天到研究所写作8小时，风雨无阻，周末、过年都无休的220天；有了产假后的半年里所有下班的晚上、周末，对论文一轮又一轮的修改。

今天，这篇十多万字的博士论文终于走进尾声。回顾这些经历，是要让自己铭记，这个过程有多艰难，以及在这段困苦前行中，每一个帮助过我的人就有多重要！

首先，深深感谢我的导师张树庭教授。2015年的我，是多么不自信，多么诚惶诚恐，是张老师给我了最坚实的鼓励和支持。他教导我"多看书，多思考"，他鼓励我"先有观察，再有观点"，他第一次对我的肯定是"我发现了，小宫很善于发现一些现象之间的关联，然后会引发自己的思考"，他对我博士论文的支持是"每个人的博士论文都很苦，但是这个过程是增长自己本领和能力最重要的经历"，他对我的期望是"这些观点都很好，现有不足抹杀了这些亮点，再努努力，让这篇论文成为你的学术成果"。在论文指导上，张老师的认真、负责让我由衷赞叹。一团乱麻的结构里，他能够快速准确提炼出逻辑思路，并指导我下一步切实可行计划。在我几次困苦的瓶颈期，他都能耐心地指出论文的不足，帮助我打开思路，提升视角；在他无比繁忙的工作间隙，还要夜以继日地批改我的论文，并在每一个批注上用红色的笔记认真地勾画、引导。张老师既是我的学术导师，更是我的人生导师。他严谨、创新的学术原则，勤奋、谦虚的行事作风等都是我要用一生去学习的宝贵品质。

感谢我的家人，这十几年最懂我的是妈妈。博士入学报到走向广告学院牌子的路上，妈妈感叹着说"我女儿终于考上广告学院了，这一路太不容易了"，语毕眼泪止不住地哗哗流。感谢婆婆、公公、妈妈、爸爸帮我看护两个孩子，让我在千头万绪中挤出时间去读书、写作。感谢我两个聪明、活泼的宝贝女儿，她们是世间给予我的最美的礼物，是她们在我苦闷、焦虑的写作过程中给我无限的快乐与幸福。感谢我的先生，在各自拼搏的路上并肩前行，一直在做那个背后默默付出的顶梁柱。

感谢商务品牌战略研究所的师姐们，无数个夜晚和周末，永远那么耐心、细致地解答我的各种困惑。感谢郑苏晖师姐，带领我学习营销思想史，让我在写作博士论文前积累出一定的知识架构和思想体系；感谢孔清溪师姐，"先写先做，后面自然会有思路"的珍贵经验支撑了我整个写作过程；感谢张译文师姐，帮助我开拓企业调研的思路，不停鼓励我要坚持；感谢吕艳丹师姐，论文写作过程的朝夕相处陪伴、见证了我每一个进步；感谢董妍师姐珠玉在前，奠定了我论文的理论基础和宏观思路。还要感谢传播研究院张敬婕教授、动画学院郑丹琪老师、政法学院周丽娜教授、出版社李水仙老师用各自的专业背景帮助我渡过许多个难关。感谢我的博士同学王冰、秦福贵、刘佳佳，数十次地讨论、沟通帮我厘清思路。感谢"我爱写论文"的博士群友们，我们并肩作战的每一天都是彼此人生的重要财富。感谢我可爱的师妹陈宇、马红娟、袁海缘、宋昱晓在不同论文阶段的辅助和支持。

感谢广告学院这个大家庭，身为这个大家庭的一分子是我终身的骄傲。感谢开题答辩专家何辉教授、周艳教授、张宏教授，中期答辩专家丁俊杰教授，预答辩专家杜国清教授、张翔教授、刘宏教授、邵华东教授、和群波教授、初广志教授（列席），还有匿名评审中各位专家教授为我的研究提出的宝贵意见，这些意见为我的研究指明了方向，使我的论文日臻完善。感谢杨懿老师、刘朋老师，在我开启专业授课之始给予我宝贵的经验与鼓励。感谢张学伟、高丹、武旭颖三位老师，在整个博士学习阶段对我培养工作的尽心尽力。感谢十几年前包容我旁听课程的钟以谦教授、黄京华教授、赵子忠教授对我的启蒙，虽然老师们不认识我，但是我永远记得无数个课堂上老师们传道授业的风采。感谢04广告学的同学们，感谢你们愿意接纳那时的我一起小组作业，让我拘谨的旁听日子不那么孤单。

感谢IRI数据资讯专家李未柠、黄妍老师的专业指导，为论文提供了非常重要的数据支持。感谢在访谈消费者过程中帮我联系受访者的朋友们，感谢中国传媒大学外国语学院刘颖老师、孙鹤云老师、中国传媒大学汉语国际教育中心乐琦老师、中央戏剧学院霍樱老师、华南理工大学齐磊磊老师、农民日报社记者朱瑞、我的博士同学廖慧、戏剧影视学院研究生刘鸿彦，以及被访者代表董威律（马来西亚）、胡得国英（越南）、Fred（马来西亚）、Asen（保加利亚）竭尽全力地帮我寻找合适的受访者。感谢每一个接受我访问的外国友人，你们的热忱与善良让这篇论文更有意义，心心相通就在你我之间。

感谢工作上的领导许学峰、刘湧、金勇三位传媒大学教育基金会秘书长对我博士学习的支持。感谢同事们对我的理解和帮助。

最后，特别感谢刘继南教授。您是最相信我可以完成这个不可能任务的人。您对我永远是鼓励，是您支持我说"有梦想就去实现"，是您开导我说"办法总比困难多"，这些金玉良言是帮助我解开所有人生困境的座右铭。论文写作的苦您理解，养儿育女的苦您理解，您是大政治家、思想家、教育家，能得到您细致入微地关怀和教导，是我今生的荣幸。

如果还要说什么，那再轻轻地感谢下自己，抱一抱自己。同时更要提醒自己不能松懈，要继续咬住牙坚持下去。未来的路还很长，多么希望博士论文的完成是我求学之路的开始。两个女儿的名字都有一个"初"字，因为我要时刻警醒自己，寄语她们：不忘初心，砥砺前行。

宫月晴

2018年12月